U0573371

王羲之传

皮波人物国际名人研究中心　编著

国文出版社
·北京·

图书在版编目（CIP）数据

王羲之传 ／ 皮波人物国际名人研究中心编著.
北京：国文出版社，2025. -- ISBN 978-7-5125-1827-8

Ⅰ．K825.72

中国国家版本馆CIP数据核字第2024P14M10号

王羲之传

编　　著	皮波人物国际名人研究中心
责任编辑	戴　婕
统筹监制	杨　智
责任校对	周　琼
出版发行	国文出版社
经　　销	国文润华文化传媒（北京）有限责任公司
印　　刷	文畅阁印刷有限公司
开　　本	880毫米×1230毫米　　32开
	6印张　　100千字
版　　次	2025年3月第1版
	2025年3月第1次印刷
书　　号	ISBN 978-7-5125-1827-8
定　　价	59.80元

国文出版社

北京市朝阳区东土城路乙9号　　　　　邮编：100013
总编室：（010）64270995　　　　　传真：（010）64270995
销售热线：（010）64271187
传真：（010）64271187-800
E-mail：icpc@95777.sina.net

王羲之（303—361 年，一作 307—365 年，又作 321—379 年），字逸少。东晋书法家。琅琊临沂（今山东临沂）人。出身贵族。官至右军将军、会稽内史，人称"王右军"。因与王述不和辞官，定居会稽山阴（今浙江绍兴）。曾与谢安、孙绰等宴集兰亭，写下著名的《兰亭集序》（又称《兰亭序》）。

工于书法。早年师从卫夫人（铄），后来改变初学，草书学张芝，正书（指楷书）学钟繇，并博采众长，精研体势，推陈出新，一变汉、魏以来质朴的书风，成为妍美流便的新体。其书备精诸体，尤擅正、行，字势遒美多变化，为历代学书者所崇尚。有"书圣"之誉。

书迹刻本甚多，散见宋以来所刻丛帖中。行书保存在唐代僧怀仁集书《圣教序》内最多。草书有《十七帖》等。真迹无存，唯有唐人双勾廓填的行书《姨母》《奉橘》《丧乱》《孔侍中》和草书《初月》等帖。

目　录

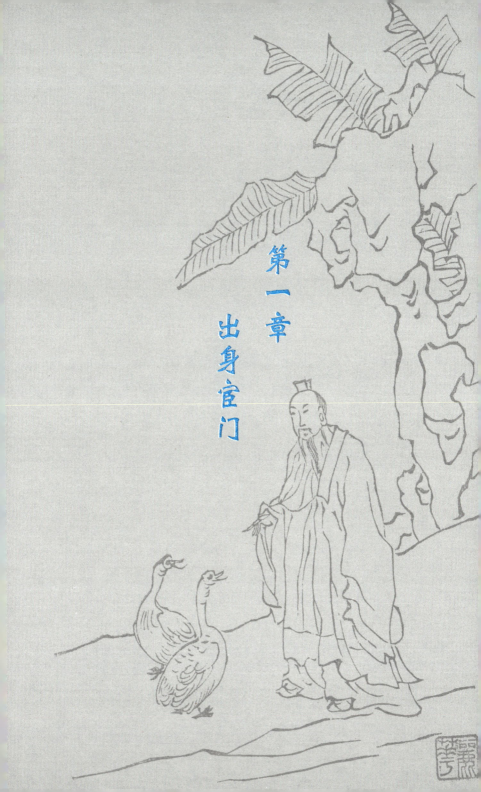

第一章

出身宦门

"书圣"的诞生

魏晋南北朝时期，中原大地战争频仍，社会动荡，同时也人才辈出，无论是政治领域还是文化领域都涌现出很多名人。其中，东晋时期的王羲之，是中国历史上著名的书法家，被后人誉为"书圣"；同时，他也是一位忧国忧民、悲天悯人、有理想、有抱负、有远见的政治家。

晋代的王氏一族，居于琅琊郡临沂县（今山东临沂），是著名的豪门士族。这个家族中的王祥，是汉末有名的孝子，也是中国历史上著名的"二十四孝"故事的主人公之一。

　　王祥的继母朱氏对他非常不好，不过，他的同父异母的弟弟王览非常敬爱他。每当母亲鞭打王祥时，王览总是抱住哥哥放声痛哭，用自己的身体来护卫哥哥。

　　王祥生性纯孝，并不因继母的虐待而怀恨在心。传说有一年冬天，继母患病，想吃鲜鱼。可是，时值寒冬，外面冰天雪地，到哪里去找活鱼呢？于是，王祥把

〔元〕郭居敬／编录《中国古代二十四孝全图》之《卧冰求鲤》

衣服脱掉，身体卧在结冰的河面上以融化冰面，捕捉活鱼。冰面融后，突然有两条鲤鱼跃出河面。王祥喜不自胜，拎着两条鲤鱼回家孝敬继母去了。这便是"卧冰求鲤"的传说。

王祥后来官居大司马，晋武帝时拜太保，晋升为公爵；他的弟弟王览为光禄大夫。王览共有六个儿子，其中，排行第四的王正就是王羲之的祖父。

王羲之的祖父王正官至尚书郎，父亲王旷为淮南太守。在西晋危亡时，王旷曾倡议晋朝王室渡江称制。公元317年，司马睿在建康(今江苏南京)即帝位，建立东晋王朝。司马睿封复兴晋室有卓越功勋的王导(王览长子王裁之子)为丞相，封王敦(王览次子王基之子)为军事统帅。王氏一族在东晋权倾朝野，极尽显贵。

公元303年的一天夜里，秦淮河畔夫子庙的乌衣

巷里,淮南太守王旷的家中灯火通明,家仆们都很紧张地进进出出,十分忙碌,整个院子似乎都弥漫着一种凝重严肃的气氛。

奔忙中的仆人们小心地彼此交换着眼色,偶尔有人脚步声稍微重了一点,便立即会招来众人"嘘!嘘!"的警告声。寻到这间宅子的主人,才发现整间宅院的凝重气息都是由他这里散播开来的。王旷紧锁着眉头、表情凝重,在院子里来回地踱着步子。

突然,一声嘹亮的婴儿的啼哭声划破天际,整个太守府宅里的男女老少瞬间如释重负。大家眉开眼笑,奔走相告:"是位小少爷,夫人生下了一位小少爷。"一些年老的仆妇张着没有牙齿的嘴巴,甚至高兴得流下了眼泪,婢女们更是兴致勃勃地相互推搡,争着想看看这位刚出生的小少爷。其间最激动的是刚刚做了父亲的太守王旷。婴儿的哭声刚刚响起,他便三步并作两步地冲进了屋里,迎头撞上一个满脸喜气的婢女。这个婢女怀里抱着一个脸红红的小家伙,忙不迭地叫着:"老爷大喜了!夫人生了个小少爷,可漂亮啦!"

王旷从婢女的手中接过婴儿,轻轻地抱在怀里,仔细地端详,泪水竟然不自觉地滴在了婴儿的脸颊上。王旷低下头来凝视:这个刚刚降临人间的小生命,紧紧地握着两个小拳头,眼睛也紧紧地闭着,两条小腿却很不安分地踢着。王旷突然觉得心头有种神圣的情感像潮水般涌动着,使他顿时对这个小生命生出了无限的责任感,同时还有几分说不出的感恩的心情。

等在一旁的人们,也早都迫不及待地拥了上来,你一言我一语地说着喜庆、吉利的话。虽然这个小家伙以后会要他们照顾、服侍,会带给他们很多麻烦,但

是此时此刻谁又在乎这些呢？一个婴儿的降生，总是
一件令人兴奋的事啊！这些围观的人们谁也不会想
到，这双小拳头日后会留下传世千古的佳作！

从小喜爱书法

王旷为儿子取名王羲之。王羲之的叔伯们，或是一人之下、万人之上的丞相，或是手握兵符的将军。因此，王氏的子弟们，在幼年时期便享有第一流的贵族生活和教育。他们的出身好、地位高，仕途之路早就被安排好了，根本不用自己担心。他们从小就跻身于各种政治场合，王羲之自然也不例外。但与其他王氏子弟不同的是，王羲之似乎并不热衷于此。

表面看来，王羲之从小就不善言辞，并且不喜欢游乐，看起来很木讷，其实他只是不喜欢装模作样而已。但是，他的孤僻很让王旷夫妇担心。于是，他们打

算试探一下他心中对未来的打算。

有一天,王旷找了一个机会问王羲之:"儿啊!如今你也不小了,为父想听听你今后有什么打算。有些事情,为父可以帮你拿拿主意。"

王羲之很恭敬地回答说:"孩儿并不在乎日后是否能荣华富贵、飞黄腾达,孩儿只想做自己认为应该做的事情。孩儿觉得,要为天下苍生做些有益的事情,造福万民;而地位、名望等虚名,孩儿并不计较。"

听了儿子的这些话,王旷怔了怔,随之心中泛起阵阵不悦。他心想:"王家对你寄予了如此厚望,一心栽培你成才,而你却只想到那些低贱的平民,真是辜负了大家的一番苦心。"

但是,王旷是通情达理的人,他看了看儿子坚决的目光,沉思了一会儿便开口道:"为父也不能否定你的想法,但你的这些想法太单纯了。你来想想看,你的理想和抱负将来会威胁到很多人的利益,包括家族内的人。如果你真的要把这些想法付诸实践,将来一定会遭受很多阻碍,会有许多人反对你,甚至连家族里的人也会攻击你,你会遭遇到无数阻力和挫折,到那个时候你该怎么办?"

听了父亲的劝诫,王羲之毫不迟疑地回答说:"如果真的到了那种地步,孩儿也只有尽力而为、全力以赴,倾其所有也在所不惜。"

听了儿子的这些话,王旷大为震惊,他不知道是该替儿子高兴还是担忧,但从那时起,他开始对王羲之刮目相看了。他曾多次对王羲之的母亲说:"夫人,你看咱们儿子好像是傻乎乎的,什么都不在乎的样子,但据我看,他将来即使不做大官,也一定能令我们王家流芳百世!"

所谓"知子莫若父",王旷的这一预言后来果真

一一应验了。但是,王羲之的作为却不是王氏一族的人所能理解的,他们无论如何也不能相信,在当时大夫士族的庞大阵营中,会出现一个为了与自身阶级毫不相干的平民而放弃唾手可得的地位和权势的人。因此,族人们对木讷、不善言辞的王羲之并不看重,觉得他不过如此,成不了大气候,并为最初对他的种种高估而感到不值。

王羲之大部分时间都是留在家中,很少去外面闲逛。他从小就具有敏锐的洞察力;随着年龄的增长,他开始对一些事情产生了好奇心。其中之一便是,为什么父亲常常从书房里拿出一卷看着十分老旧的书,边看边赞叹,而且每每看完之后都小心翼翼地拿回书房收好;这本书与其他的书不同,父亲从来都不把它放在书架上,也不让任何人看。父亲的举止,让王羲之困惑不解。

另一件事就是，父亲时常临摹字帖。每每这时，父亲都要在案前正襟危坐，连摊纸、研墨都透着某种说不出的神圣。父亲写字的时候，脸上的表情安详、平和，似乎能澄澈内心的俗事烦扰。难道字中还蕴藏着什么奥妙和乐趣吗？与其说这一切引起了王羲之的好奇，不如说他已经被其中的某种神秘力量所魅惑、牵引了。他一定要弄清楚这到底是怎么一回事。

小孩子一旦对某件事产生了好奇，便会想方设法地解开疑惑；在弄明白事情之前，是没有什么能够阻止他们的，王羲之也不例外。这次他决心要探个究竟，即使因此挨一顿打也认了，于是他暗中静静地等待机会。

王旷虽然人在官场几十年，但与中国的传统知识分子一样，无论官运如何亨通，都丢不下与生俱来的浪漫文人的气质，在处理公务之余，沉迷于高雅的志

趣。王旷在书法方面曾下了很大的一番功夫,而且具有一定的造诣。他把前人有关书法的著作或作品收集起来,妥善珍藏,爱若珍宝,常常拿出来赏玩,自得其乐,然后再妥善收回房内。没想到他的一切举止竟被儿子尽收眼底,并成了王羲之想要探究的目标。

王羲之很想知道这是本什么书,书中写了些什么,但父亲总是这么小心地收藏着,想要说服他拿出来给自己看恐怕不是一件容易的事。思来想去,王羲之决定趁父亲不备时溜进书房偷看。

主意打定后,王羲之就开始时时留意父亲的行踪。有一天,王旷外出办事,王羲之见有可乘之机,便迅速溜进了父亲的书房,在父亲的案头翻出了这本书。原来这是一本有关书法的书,王羲之左看右看也看不出其中的奥妙。可是父亲明明被这本书深深吸引,这说明里面一定有什么自己还没有发现的东西。

于是,不死心的王羲之,在父亲再次外出的时候又溜了进去。

就这样探秘了几次以后,王羲之决定拿起笔来照着书上的去写。渐渐地,他开始借着这本书纠正自己在写字过程中的一些缺点,并学习了很多前人的长处。不知不觉之中,王羲之开始了他学习书法的第一步,并且打下了坚实的基础。

毕竟"纸是包不住火"的,一段时间以来,王羲之的举动引起了王旷的注意,他心想:"这个小子怎么这段时期这么关注我什么时候外出呢?莫不是趁我不在学了些什么不三不四的事情?真要是这样,那还了得!"

于是,王旷找了一个机会询问王羲之,而王羲之只是一个劲儿地傻笑,也不回答半个字。这更让王旷心中生疑,想到儿子如今大到快要脱离自己的管束,

他心中着实不是滋味,但他转念一想:自己的儿子自己清楚,应该不会干什么不轨的事情,说不定只是小孩子对大人的房间好奇,跑进去东摸摸、西看看而已。因此,这件事情便轻描淡写地过去了。

直到有一天,王旷发现了儿子所写的字,觉得这些字十分眼熟,仔细一看,不觉吃了一惊:"哎呀!这些字迹怎么和我的这般相像!真是奇怪!我从来没有教过他书法,他怎么会写得这般好?"随后,王旷想起了儿子常常溜进自己房间的事,他觉得两件事之间必有联系。想到这些,王旷终于放下了一直萦绕在心中的疑问,不觉轻松了,而且还多出了些许快慰:儿子这样偷学书法,也有相当长的时间了啊!

这一次,王旷认真地询问王羲之,王羲之很爽快地道出了实情。王旷听了以后,很高兴地对儿子说:"孩儿!为父怎么会责怪你呢!只会为你感到高兴,你能自己研究摸索出这样一笔好字,真不简单啊!如果你对书法很有兴趣,为父就把那些书和字帖都给你,日后好好地练习吧!"

王羲之受到父亲的鼓励,更加努力地练字。家人常常看到他端坐在桌前,一丝不苟地写字,而且他的字进步很快,甚至连他丢弃的纸张,都会被仆人们捡起私下里赏阅夸赞。看到自己的儿子不同流俗,且在书法造诣上远胜于家族同辈,王旷感到十分欣慰和骄傲,他相信儿子将来一定会成为一个了不起的大人物。

经过一段时间的观察,有一天王旷对王羲之说道:"既然你对书法有这么大的兴趣,而且,从目前看来,你在这方面也有一定的天赋,等你年纪再稍长一些,为父会亲自教你如何写字。"

王羲之一听,大喜过望,马上回答说:"孩儿希望

父亲你现在就开始教我，否则孩儿晚受教一天，便如同多虚度一天；等到再大一点，恐怕太迟了吧。"

听了儿子的这一番话，王旷觉得儿子果然是大有长进了，完全不像是小孩子的语气，真是孺子可教。而且，儿子现在的字也的确是可圈可点，王旷心中喜不自胜。于是，王旷开始尽心尽力地教王羲之写字，纠正了他的一些错误。有了父亲的指导，天才再加上努力，王羲之的书法越来越好，渐渐地在家族中开始崭露头角，而且在整个贵族阶层也小有名气了。人们也都知道王羲之很会写字，他在书法界也渐渐被人看重了。

过了一段时间，王旷看了王羲之所写的字以后，又高兴又感叹地说道："孩儿啊！从今天开始，为父没有办法再教你了，因为你的书法成就已经不在我之下了。如果不另外去寻找名师求教，恐怕你的成就也就到此为止，不可能再有进一步的突破。如果再有名师指导，假以时日，你一定会大有成就。"也许是预见到了儿子的将来必定会大有作为，王旷十分激动。

小小年纪的王羲之便已决定了日后要走的道路，他已决定将来要脱离贵族这一狭窄的圈子，走入民间，真正地去关心他们，为他们谋求最大的福利，做自己想做的事，做自己该做的事。为了达到这个目的，王羲之没有时间去和贵族子弟们交往，更不与他们一起玩乐、胡闹，他要把握宝贵的光阴，尽力充实自己、训练自己，以便日后能担负起沉重的责任。

墨池草谏兰亭文章

传之百代弥远弥光

王羲之

〔明〕天然／撰《历代古人像赞》之《王羲之》

少年才俊

王羲之身为王氏家族的一员,他发现,在各种场合中,王氏族人都有一种优越感,有些人几近于趾高气扬、飞扬跋扈。对于这些靠祖辈余荫庇佑的人,他很不以为然。在朝廷或地方的官吏中,王氏族人占了很大的比例。王导身为当朝丞相,一言一行都关系着国家安危,再加上其他大大小小的官吏,构成了王氏的势力范围,这股势力几乎可以掌控整个东晋的政治。

多年后,王羲之看出了当政者的重要,如果在位的人勤政爱民、廉洁公正,那么国家即使有再大的困难也都可以克服。相反,如果执政者只图个人的享乐,

弃百姓的安危于不顾,那么,他们不但不能自保,甚至有朝一日会使生灵涂炭。这是多么令人痛心的事!随着年龄的增长,王羲之越来越懂得从历史中总结经验,并身体力行。这已成为他个性的一部分:关心百姓,为民着想。这些完全是出于自愿,并不是他人强加给他的。伟人之所以伟大,区别恐怕就在于这一点。

　　王旷估量儿子的书法成就将来会不可限量,便一心为他寻觅名师。王氏一族曾出现过不少的书法名手,虽然以王羲之成就最为卓著,但是,在王羲之幼年,首先注意到他的不凡资质与才华的是他的叔叔王廙。王廙是晋代著名的书画家、文学家,同时还是一位音乐家。王廙曾传授张芝、卫恒等人书法。当他发现幼年的王羲之便表现出高于同辈孩童的书法天赋后,便经常细心地在书画方面给予王羲之很多指点,并赠送给王羲之《孔子十弟子图画赞》。

有了家族长辈的启发与细心指导,王羲之的书法日益精进,甚至有赶超父辈之势。最终,王羲之正式拜卫夫人为师,投入她的门下学习书法。

卫夫人是汝阴太守李矩的妻子,因为姓卫,因此人们尊称她为"卫夫人"。这位卫夫人可是当时最有名气的书法家,她擅长钟繇的笔法。同时,她还是一位书法评论家,著有一本名为《笔阵图》的书,书中谈论了如何挥毫用笔等书法秘要。

王羲之第一次去拜见卫夫人时,带了一幅自己所写的字,一方面是想请她指教,另一方面也是想让她知道自己目前的书法水平。卫夫人将这一幅字展开的时候,十分惊诧;再经过一番仔细地观看后,卫夫人对垂着双手恭敬地站在一旁的王羲之说:"嗯!你的字写得很不错,不过还欠一点火候,如果再经一番点拨和琢磨,将来必有更大的成就。你愿不愿意拜我

〔魏〕钟繇《宣示表》（局部）

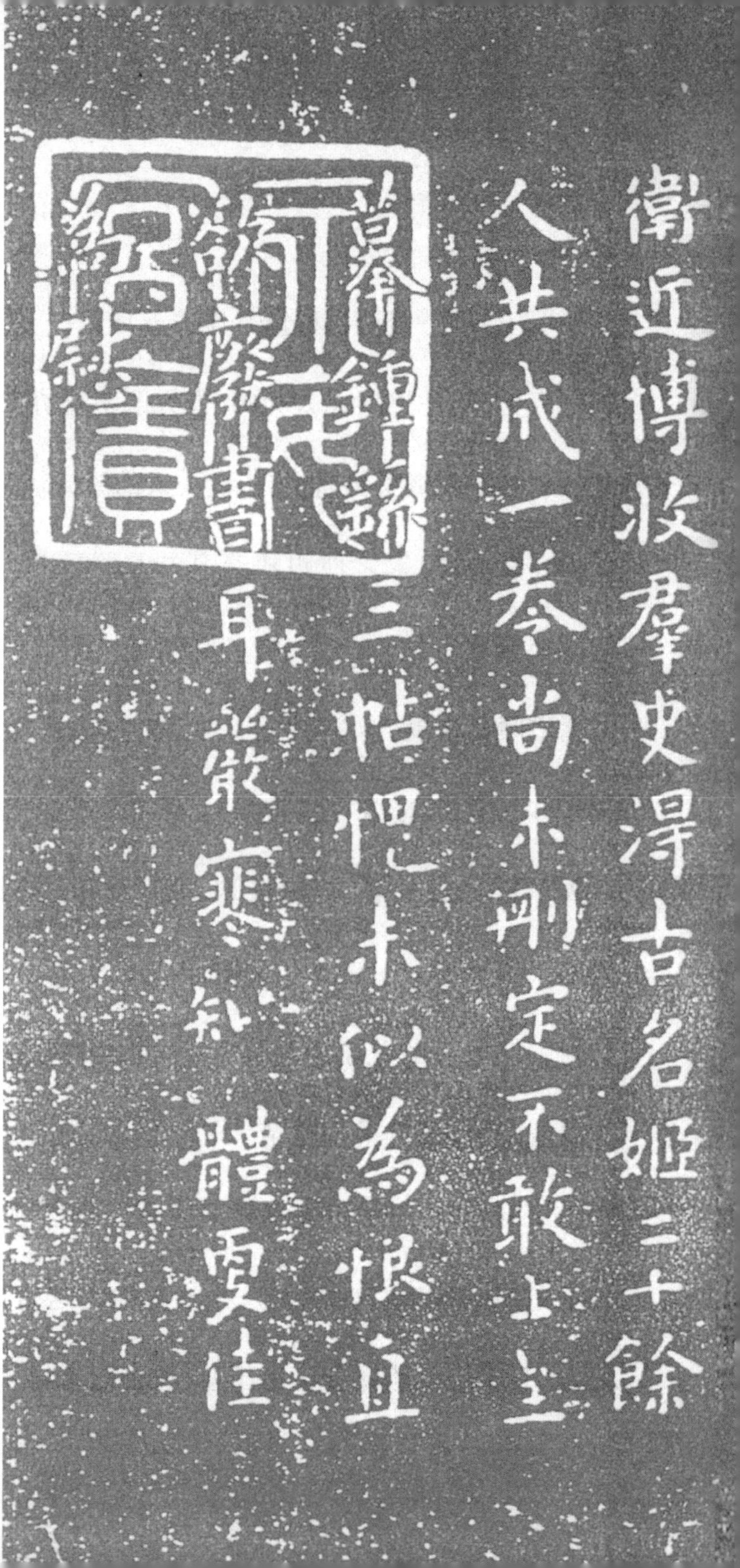

衛近博收羣史得古名姬二十餘

人共成一卷尚未刪定不敢上呈

三帖悒未似為恨直

耳嚴寒知

體更佳

〔东晋〕卫夫人《古名姬帖》

（释文：卫近博收群史，得古名姬二十余人，共成一卷，尚未删定，不敢上呈。摹钟繇三帖，愧未似为恨，直欲废书耳。严寒知体更佳为慰）

为师？"

王羲之一听大喜过望，连忙下拜道："弟子此次前来拜见，就是想拜夫人为师，夫人既不嫌弃弟子无才，弟子一定会努力钻研，定不负夫人的厚望。"

从此，王羲之便跟随着卫夫人学习书法，卫夫人也十分欣赏这个学生，将自己的书法精要、技巧对王羲之倾囊相授。

王羲之的学习精神也让卫夫人很满意，他就像久旱逢甘霖一般，极力汲取着书法艺术的精要。卫夫人的点拨，为王羲之日后的成就奠定了坚实的基础。卫夫人的儿子李充，与王羲之交往甚密，不仅有同窗之谊，更有手足之情。

曾经有一次，卫夫人对人们说："你们别看王羲之年纪还小，以他这种天分，再加上他的这份虚心和努力，不出几年他就会青出于蓝，在书法领域大有作为，名气和成就也会远远超过我,你们看着好了!"经过卫夫人的这一番赞扬,朝野都知道了王羲之和他的书法,此时他还只是个十几岁的少年。放眼当时的贵族阶层,像王羲之这个年纪的贵族子弟还终日嬉戏玩乐呢,他却凭借自己的努力有了相当的成就。

王羲之的成就不仅得益于指导过他的好老师,更是离不开其自身的努力。他练字经常入迷,因此还闹出了很多笑话。

一次吃午饭,书童送来了他最爱吃的蒜泥和馒头,可他正在专心致志地看帖、写字,在书童的几次催促下,他仍然连头也不抬,就像没听见一样,最后饭菜都凉了。无奈之下,书童只好去请王羲之的母亲来劝他吃饭。

母亲来到书房一看,大吃一惊,只见王羲之手里正拿着一块蘸了墨汁的馒头往嘴里送,弄得满嘴的黑

墨。原来王羲之在吃饭的时候，眼睛仍然看着字，脑子里也在想这个字怎么写才好，结果错把墨汁当蒜泥吃了。母亲看到这个情景，忍不住放声笑了起来。王羲之还不知道是怎么回事，听到母亲的笑声，他转过头来说："今天的蒜泥可真香啊！"

当时，有一位名叫周顗的长者，这位周老先生官拜礼部尚书，地位尊贵，在朝廷上一言九鼎。不仅如此，他文风持重，德高望重，要是哪位后辈能得到他的一句赞扬，便可立刻身价百倍。他也的确慧眼识人，凡是被他提拔的，后来都成了栋梁之材，这也使他更加受到人们的敬重。因为这位周老先生爱才如命，因此平日来求见的人如过江之鲫，周家的门前常常是车水马龙，而爱才好客的周府也常常是宾客满座，觥筹交错。王羲之对这位周老先生仰慕已久。

有一次，周老先生正在与几位名流贵客吃酒，席间交杯换盏好不热闹。闲谈间,有一位先生停筷说道:"现在的年轻人啊!一天到晚只顾玩乐,论起赏花玩鸟、跑马逗狗,真是无所不精,但是一论起德才,便没一样儿提得起来,真是不论也罢。这样下去怎么得了啊!"这一番话引起了在座众人的共鸣,大家议论纷纷。

渐渐地,每个人的目光都转向主人周老先生,想听听他的意见。他看了一眼席上的诸位贵客,顿了一会儿,开口说道:"时下确实是有这么一些年轻人,不务正业,成天只知玩乐,根本无法担当大任。但凡事也不能一概而论,我相信,当今一定还有一些年轻人,谦虚好学,富有进取心和责任感,只不过还没被我们发现罢了!"大家听了这些分析,都认为很有理。

周老先生接着又说道:"我倒是听说王家有一个年轻人,名叫王羲之,人品、学问都很不错,尤其是在

书法方面很有一手。在这一辈的年轻人中,我只看重他一个人。只可惜到如今我都无缘得见。"

宴会进行到一半时,周家的仆人进来对着周老先生耳语了一阵,只见他突然一阵狂喜,接着便连声地说道:"快请!快请!"在座的客人都十分诧异,不知来客是何人。

不一会儿,仆人带着一个羞涩腼腆的少年进了厅堂。周老先生立即叫仆人在自己的身旁为这个少年安排了一个座位,很愉快地与他交谈,席间不时爆出一阵阵的笑声,二人都显得十分高兴。客人们都觉得很纳闷,不知这小孩子到底是谁。看起来既不像是周老先生的亲戚,又不像皇族亲贵,周老先生为什么这么隆重地款待他,而且对他特别殷勤,以至于冷落了一桌的客人。

宴席将近结束时,仆人送上了一盘牛心,这在当时可是一道极为名贵的菜肴，通常是身份尊贵的人才能拿这道菜来宴请宾客，而且是在宴会即将结束时再端出这道压轴大菜，主人通常会让席间最尊贵的客人先品尝，以表示对贵客的敬意。当这一道菜被端上来后，在座的名流贵人们都认为只有自己才有资格品尝这道菜。当周老先生切割牛心时，众宾客都已在心中想好了致谢的客套话，却没想到，周老先生将割下的一大块牛心端给了身旁的少年。这一举动，使在座的各位宾客无不震惊。大伙不禁交头接耳地询问："这是谁家的公子，周先生为什么如此地看重他？"

听到了众人的窃窃私语，周老先生满面笑意慢吞吞地宣布说："这位就是王丞相和王大将军的侄儿，淮南太守的儿子——王羲之，也就是我刚刚所说的那个年轻人。别看他年纪不大，他已经是当今第一的书法家啦，没想到今天能与他在此会面，真令人高兴。"

这时在座的人们才反应过来,原来眼前的这个少年才俊就是以书法闻名的王羲之。这样一来,王羲之真是"一经品题,身价百倍",他的名气更响亮了。但是,他的成名绝不是靠父兄的余荫和家族的荣宠,而是靠自己的努力得来的,这在极其重视身份等级的晋代是难能可贵的。王羲之的卓然不群,从小便已显现了。

东床快婿

东晋的武将郗鉴曾奉旨平叛,立了大功,被封为太尉。朝廷里除了丞相王导,没人能与他的权力相抗衡。这位老太尉万事顺意,只是有一件事还没有着落:他的女儿郗璇,年方二八,不仅人生得俊俏,而且知书达理,但是还没有找到婆家。因为爱女心切,普通的大家子弟在郗鉴的眼里根本不入流,那些凡夫俗子又怎能入眼?时间一久,郗鉴竟把女儿给耽误了,老太尉和夫人不禁焦急起来。

一天,郗鉴和夫人又商量起女儿的婚事来,两人越说越发愁。郗夫人叹着气说道:"我们的宝贝女儿

有才有貌,咱们做父母的可一定得替她挑个好婆家才行,老爷你说对不对?"

郗太尉心里有着自己的盘算,口里不住声地应和着:"对,对!"

郗夫人看出了丈夫是在应付她的唠叨,于是又发作了起来,冲着郗太尉道:"对,对! 对什么? 举国上下那么多年轻人,你怎么就想不出来有哪一家的子弟可以配得上我们女儿! 还亏你总自诩平日交友甚广。"

郗太尉笑了一下,回答说:"我的确是认识不少有权有势的人,可是他们的子弟不是倚仗着家里的权势胡作非为,就是挥霍家里的钱财去花天酒地,这种没有出息的人怎么好选来做女婿呀! 再说你的条件也太苛刻了,又要有门第,又要有人品,还要有才气、有发展前途,这种人才实在不容易找。"

话刚说完,郗太尉猛地用手拍了一下脑门,说了声："有了,有了!"

在夫人的一再催促下,郗太尉一本正经地说道:"我倒是想到了一个人,你来听听看合不合适。现在朝廷内外以王氏一族的声势最大,王导是丞相,王敦是大将军;其他大大小小的官吏,不是王家的子弟,就是他们的门生故旧,一门显赫。王氏子弟中也有不少年轻人,想找出一个配得上我们女儿的人应该不难。我们派人去向王家提亲,从中挑一个最理想的做我们的女婿。夫人,你说怎么样?"

郗夫人想了一想说:"王家确实是很显赫,和我们结成亲家,倒也不至于辱没了咱们。只怕他们的子弟也是一批游手好闲、不务正业的家伙,那我们的女儿就要吃苦受罪了!"

郗太尉答道:"所以我们需要谨慎地选择,如果真没有适合的人,我们也只好再另外想办法。"

"也只好这样了,那么你快去办吧,省得我整天牵肠挂肚,总是惦记着这件事。"郗夫人催促道。

一天早朝后,郗鉴把自己择婿的想法告诉了丞相王导。王导说:"那好啊,我家里子侄众多,你就派人到我家里来挑选吧,只要你相中的,不管是谁,我都同意。"

听了王导这样说,郗鉴大喜过望,回到家后就和夫人备好一应礼品,第二天就命管家带上厚礼来到王丞相家提亲。

郗府管家先去了王导家,王导立即接待了他。他问王导有没有推荐人选,王导说:"太尉大人来提亲,这自然是件好事,不过我也有为难的地方:如果由我向你举荐的话,难免会掺入个人的想法;而且,不管结果如何,别人也会说我偏袒了某一个人。"

郗府管家频频点头表示认同,王导笑着接着说:

"最重要的还是我想撇干净，万一替你们挑错了人，到时候岂不是要怪到我头上来！我看这样吧，你自己到东厢房去看看，他们大概都聚在那里。你自己看了以后，再回去报告你家主人，由他自己做决定吧。"

郗府管家一想，这倒不失为一个好法子，便随着王家的仆人到东厢房去了。

王府的各位公子们之前就获知郗太尉要来府中择婿，早已等候多时了。此时，更有一些嘴快的仆人早就跑去通风报信说："各位公子，替郗家小姐选夫婿的使者到了，已经往我们东厢房来了。要是被看上了，那可是艳福不浅呢！听说这郗家小姐不但长得好，还会舞文弄墨，而且性情端庄贤淑，这样的名门闺秀可真是难得。你们可要好好表现啊！"

消息一出，东厢房顿时一阵骚动，公子哥儿们个个喜形于色，有的为了今天能够入选还特意赶制了一

身华丽的衣服,有的早已把压箱底儿的贵重饰品戴上了,他们个个都要在来者面前展现出自己最光彩的一面。正在混乱之际,郗府管家跟着仆人走了进来。

一一介绍之后,郗府管家便和王家各位公子寒暄起来,想通过他们的谈吐做进一步的了解。这也恰巧迎合了王家公子们想要表现的心态。大家都七嘴八舌地凑了上去,铆足了劲儿地表现,无所不用其极。一下子,郗府管家将一辈子的吹捧和奉承之语都听遍了。

正当郗府管家与大伙儿谈笑的时候,东面一铺床上躺着的一个年轻人引起了他的注意。他一边有应有答地应付着大伙儿,一边用眼角瞄着床上那个与房中嘈杂场面极不相称的身影,心中十分纳闷,不禁思忖道:"这小子是谁? 其他公子都拼命地想引起我的注意,唯恐自己的表现被我忽略,这个家伙竟然无动于衷地躺在床上,对我不理不睬！我倒要看看他究竟是什么人物！"

郗府管家转过身来,向躺在床上的少年走了过去。少年听到身后的脚步声,便在床上转了一个身,与郗府管家打了个照面,而郗府管家却一下子愣在了那里——

这位少年不知道是因为屋内过于闷热还是什么原因,竟把上衣拉到胸前,肚皮整个儿露在外面。不仅如此,他毫不在乎郗府管家那双瞪得比铜铃还大的眼睛,自顾自地吃着放在床沿上的一碗面。这位少年不是别人,正是王羲之。

对于郗太尉的这场选婿闹剧,王羲之自始至终非常排斥,自然也完全不把身边的这场骚动看在眼里,更别说是站在他面前的郗府管家了。为了表达自己对周围气氛的蔑视,王羲之还故意将面吃得呼

呼作响。他这种悠闲自得,更加放大了那些同族青年的贪婪和做作。

郗府管家离开了王宅之后,快马加鞭地赶回太尉府去向郗太尉报告所见的情形。

在郗太尉夫妇的催促下,管家好不容易喘了一口气,然后恭敬地回答说:"老爷,属下刚刚才从王家回来,他们家的子弟我都见过了。各位公子仪表非凡,有教养又有风度,不愧是世家子弟啊,个个都是乘龙快婿的人选啊!"

听了这么含糊的汇报,郗太尉皱了一下眉头说道:"我要找的是个杰出的人,像你所说的那类人满大街都是。你讲了半天,还不是等于没讲?根本是一堆废话!"

管家挨了训,不敢吭声,心里却翻腾起来:"刚刚在王家竟顾着听大伙儿吹捧受用了,反倒把正事儿给忘了,这次不但没有什么赏赐,还挨了一顿骂,真是倒霉啊!对了,都怪那个傲慢的小子,这一次非得把他拖下水不可,否则怎么能消我心头之恨!"

打定主意后,管家又开口说道:"回老爷的话,属下在王家倒是见到一个很特殊的年轻人,和其他人完全不一样。"

郗太尉听了这话,好像又看到了一丝希望,急忙问道:"怎么个特殊法?有什么不一样?快说啊!"

管家慢条斯理地答道:"那个人嘛,年纪不大,只有十五六岁的样子,长相嘛,也还算眉清目秀;但是,人不大,架子却大得很,还不讲究礼数。他不仅对我爱理不理的,还在众人面前敞胸露怀,十分有失体统。最重要的是,他根本不把老爷你放在眼里!"管家受了王羲之的轻视,自然要添油加醋一番。

郗太尉眯着双眼观察着管家的神情,心中已明白

了一大半，于是便打断了他的抱怨，喝道："好了，废话少说，你把当时的情形一五一十地说出来，要有半句不实，有你好看！"

管家一听，心想还是老老实实地交代吧，要不然可真要吃不了兜着走。于是，他将在王家的所见所闻如实地说了出来。最后，还不忘"提醒"郗太尉："像这种人怎么配得上我们家小姐呢？"

郗太尉仔细听完了管家的一番描述，沉思了一会儿，突然笑了起来，而且笑得别有意味。他对管家摆摆手说："好了，你下去吧，回头重重有赏。"管家不明所以，但一听有赏，便连连道谢，然后欢天喜地地退了出去。

郗太尉转过头来对夫人说道："夫人啊，我们的女婿人选，终于有着落了。"

郗夫人刚刚听了管家的汇报，早已有些沉不住气了,这时又听丈夫如此定论,忙说道:"人选?你出的好主意,说什么王家定有好女婿可选?刚才你也听见了,王家竟有如此不堪的子弟!我绝对不会允许我们的女儿嫁入这样的人家。"

郗太尉听了夫人的发难后,捋着胡子笑道:"夫人啊!这回你可错了!你想想,王家公子们为什么对我派去的人那么巴结?说穿了,还不是贪图我们女儿的美貌和我们郗家的权贵!而管家所说的那个年轻人,在那种情况下毫不掩饰和做作,说明他根本没把身份、地位和荣华富贵放在眼里。我阅人无数,这个年轻人将来一定会大有作为的。在我看来,虽然王家子弟众多,但也只有这位少年才称得上青年才俊,其余的人顶多算个'绣花枕头'。"

说完,郗太尉冲着默默倾听的郗夫人投去一个征询的眼神,说道:"夫人,你说呢?"

　　郗夫人笑着说:"那你还不快派人去打听打听这个年轻人到底是谁!"

　　话说王羲之自己也没想到,误打误撞竟然成了郗家的女婿人选。二人成婚之时,王羲之刚好十六岁。婚后,王羲之与郗璇举案齐眉、伉俪情深,生活得十分幸福,而且还先后生下了七子一女。这段才子佳人的故事不仅在当时被传为美谈,后人也对此津津乐道。"东床快婿"和"坦腹东床"这两个成语便是出于这个典故。

王敦之乱

晋元帝司马睿,在成为皇帝前初镇建康时,在江南一带没有什么威望。王羲之的堂叔王导、堂伯王敦帮助司马睿建立了威望。东晋建国之后,王家势力日盛,晋元帝便有心削弱王家的势力,于是故意提拔刘隗和刁协等一众士族,以牵制王家。同时,晋元帝对王家的忌惮,也使得他逐渐疏远了曾极力扶持过自己的王敦、王导。

丞相王导城府至深,深谙王家势大的风险,为官尽忠职守,为人低调宽厚,从不与他人交恶,同时还在政治上主张"宽惠、宽和",以致刘隗、刁协等人专权

用事。

王导的堂哥王敦却截然不同,见晋元帝忌惮疏远王家,便愈加独断专行起来,甚至开始不将皇帝放在眼里,私自选置属下州郡官员,更意图在刘隗等人的身边安插亲信。

王敦的擅权行为让晋元帝深感厌恶;与此同时,受晋元帝提携的刘隗等人自然不喜欢见到王氏的独大,在揣明圣意之后,也便纷纷"请求"晋元帝削弱王敦的势力。王敦见情形逐渐不受自己的控制,便写信劝刘隗与他修好,刘隗断然拒绝。晋元帝也让刘隗等以防备北方胡人为名领兵出征,以防备王敦。王敦见状恼羞成怒,萌生了反叛之心。

公元321年,名将祖逖病逝,王敦觉得满朝上下已再无人可以在军事上对他构成威胁了,于是调动兵马,决意兴兵逼宫,其党羽也随之响应。

公元 322 年,王敦以诛杀刘隗为名举兵向建康进发。晋元帝见王敦先发制人,大为恼怒,决意要将他诛灭,于是亲率六军与王敦对抗,并下令:斩杀王敦的人可封为五千户侯。

王敦做出这样背叛朝廷的事来,对王导和整个王氏一族来说如同晴天霹雳。为了避免全族受诛,王导率领几十名王氏子弟,日夜伫立在宫门前谢罪。晋元帝最终被王导的至诚之心感动,虽然刘隗等人再三奏请将王氏满门抄斩以绝后患,但是晋元帝最终以王导及王氏一族能够"大义灭亲"为由,免其罪责。

且说王敦举兵后,将军队开往长江下游,攻击晋元帝率兵驻守的建康的西方要塞——石头城。王敦放任军队恣意掠夺,使得城内的官员和百姓四散奔逃。晋元帝见叛军四面拥入,便对王敦说:"王将军曾为国家栋梁,如今还望以百姓为重,勿使黎民受苦。"说完,

当场封王敦为丞相,晋爵武昌郡公,令他退守武昌。

同年,晋元帝忧愤成疾,最终病故,由太子司马绍继位,是为晋明帝。王敦得知新主即位,再度威胁朝廷,图谋篡位。晋明帝畏惧王敦,便封王敦为司徒;王敦又自封为扬州牧。晋明帝想以王羲之的岳父郗鉴作为外援,牵制王敦。

虽然王敦野心勃勃,但毕竟岁月不饶人。当时,已近花甲之年的王敦身染重病,早已不复当年的骁勇。朝廷也趁着这个机会派兵讨伐。王敦卧病在床,仍不死心,指派他的兄弟王含应战。

在交战之前,王导急忙修书一封派人给王含送去,信中句句提醒他念及国家与王氏一族的声誉,慎思慎行。可是,信函还未送到,双方便开战了。王含的军队大败,王敦见大势已去,忧急而死。

虽然王敦背叛了朝廷,但王导对东晋的功绩是难以磨灭的,也正是因为有了王导的庇护,王氏一族才免于灭顶之灾。

见自己的家族竟出现了如此大的分裂,王羲之的心被深深刺痛了;经历了这场几欲惹来杀身之祸的动乱,他比以前更加成熟了。生于宦门,在普通平民眼里意味着锦衣玉食、风光无限,但实际上,王羲之感受最多的,却是政治的无情和官场的黑暗。

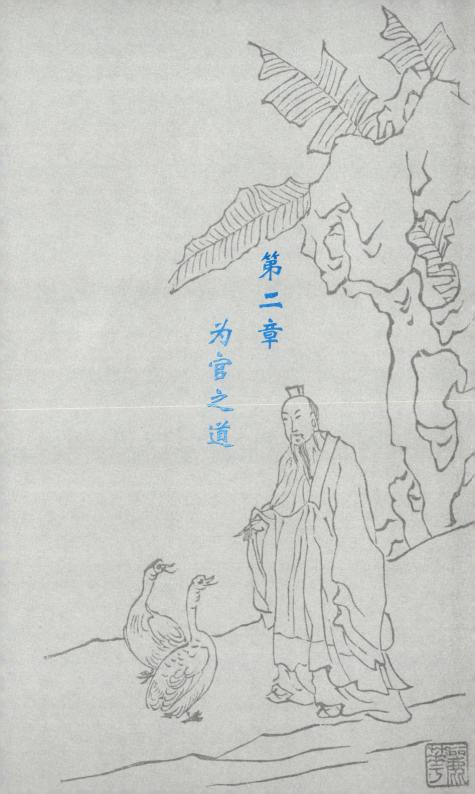

第二章

为官之道

王导、郗鉴、庾亮相继去世

东晋建国之初全靠王、谢、庾、桓四大家族全力支持，局势才算是稳定了下来，若是没有丞相王导安抚江南百姓，收容那些从北方逃来的民众，使得人心归向东晋，就不可能有一个偏安的局面；若是当年没有大将军王敦坐镇长江上游，那么北方的胡人铁骑很可能会渡江灭掉岌岌可危的东晋新王朝。

东晋建国后能逐渐稳定下来，王氏家族功不可没，无怪日后王氏家族的声势一天比一天显赫，成为最有力量的政治集团。王羲之出生于这个家族之中，对他而言却是一件十分不幸的事。王羲之对斗争夺

权最为痛心,认为有家族观念或派系观念的人,只会造成国家内部的不安和分裂。也许是命运的安排,出身于王氏家族的王羲之,怎么可能逃离政治的争斗而独善其身呢?

在东晋,仕宦享有贵族的特权,可以顺理成章地担任朝廷的官员,出身名门望族的王羲之自然也不例外。十九岁的王羲之,以一等官宦子弟的身份就任秘书郎之职,主要的职务是整理并校阅宫中文库的图书,这在当时可是一份肥差,真是羡煞了其他的贵族子弟。

任职不久,王羲之便由秘书郎转为晋元帝的小儿子会稽王司马昱的役从,职称是"会稽王友"。事实上,会稽王的所在地隶属京城,这就相当于没有封地,所以王羲之依旧没有离开建康。当他由会稽王友迁为临川郡(今江西抚州市)太守时才首次离开建康。

　　王羲之二十七岁那年应征西将军、都督六州军事、三州刺史庾亮的邀请，做了参军，继而又任长史，驻武昌。在武昌的为官经历给王羲之留下了深刻的印象，事后他曾向伯父王导吐露了一些在武昌生活的情形。

　　在一个秋天的夜里，王羲之与同僚殷浩、王胡之等在武昌的南楼上吟诗作对。大伙儿兴致正浓的时候，刺史庾亮走上楼来和他们吟咏同乐。这位平时不苟言笑的上司，与大伙相处得十分融洽。

　　虽说庾亮私下里也算是一个喜欢舞文弄墨的风雅文人，应该与王羲之十分契合，但是，在政治上，庾亮与王氏家族始终是处于对立的两方：庾亮不满意王导的宽和、宽惠政策，王导也不赞成庾亮的苛刻、严厉作风。他们二人的不和，由来已久。

　　有一次，王导在一个炎热的午后去拜访庾亮，当

他看到庾亮在大暑天里还一边抹着汗一边处理公务时，便打趣他说："这大暑天里，你又何必如此紧张，时时苛刻自己，弄得下属也不自在。"庾亮听出王导语带讥讽，便反唇相讥道："我是怕耽误了国事，我可不像某些人，天气一变化或身上一不受用便松懈了政务。"王导听了庾亮的抢白，十分气恼，又不好当场发作，于是不欢而散。

不久，庾亮离开建康，镇守武昌。虽然调离了都城，但并不表示他被降职，相反，他如今官居司空，控制了中央军政。之前，庾亮是多少有些忌惮王家的权势的，毕竟王导是一人之下、万人之上的丞相，连王敦叛乱都没有动摇他的职位；如今，庾亮握有军政大权，不再把王导这个丞相放在眼里了。于是，庾亮开始培植党羽、拉拢亲贵，并计划将王导扳倒。他曾多次邀请王羲之的岳父郗鉴加入自己的阵营，并协助自己，但郗鉴一直未予理会。

公元339年，王羲之的堂叔王导病故。仅隔一个月，王羲之的岳父郗鉴也去世了。二人的相继离世使王羲之受到了很大的打击，一位是全族中声望最高的堂叔，一位是将爱女托付给自己的老岳丈，这让感情丰富的王羲之悲痛万分。

第二年，王羲之的上司庾亮也去世了。虽然庾亮与王羲之的堂叔王导不和，但庾亮毕竟是提拔过王羲之的上司，而且庾亮也并没有因为王导而为难王羲之。所以，对王羲之来说，这也是一件令人伤感的事。

这三位在王羲之心中具有极其重要地位的人物相继离世，使王羲之的内心如同失去了支柱的房屋一样，几近崩塌了。

两年之内一下子失去了三位王朝元老的东晋，一时间不免国本动摇，这个早已风雨飘摇的国家如今越

发衰弱不振了。今后,振兴国家的重任,落到了王羲之一辈青年的肩头。

王导生前一向十分看重王羲之的才学和人品,觉得他是东晋难得的栋梁之材。王导在临终之前也曾向皇帝奏请,禀明王羲之是清廉自持、品格高尚的青年才俊,并竭力向朝廷推荐。在庾亮死后不久,王羲之被提升为宁远将军、江州刺史。

王导、庾亮的对立,在二人去世以后演变成了王导的后继者何充、庾亮的弟弟庾冰两方的对立。王、庾双方的不和,非但没有随着老一辈的离去而消散,反而愈演愈烈。在两位后继者之后,又出现了以桓温为代表的一派势力与以殷浩、会稽王司马昱为代表的另一派势力之间的抗衡。

私自开仓放粮赈灾

王羲之四十二岁时，受殷浩的推举出任右军将军，并兼任会稽内史，负责会稽一郡的郡政，因此被称为"王右军"。王羲之真正地参与政治也是由此开始的。王羲之在政治上确实有着卓越的才华，绝对不是光说不练或是纸上谈兵而已，他的政治才能在任会稽内史的时候便表现了出来。

幼年时代，王羲之便立下了为天下百姓谋福的大志，上任之初，他也雄心勃勃地想好好成就一番事业。一直忧国忧民的他早已了解到百姓生活的疾苦。他时常感慨地说："连年战乱，百姓是最大的受害者，他

们失去了亲人、财产和赖以为生的土地。国家应该体恤民众,减轻各种赋税徭役,使百姓能够休养生息。百姓安居乐业,国力也才能渐渐恢复。可是,为什么现在国家还在压榨这些流离失所的可怜人呢?"

有一年,会稽一带发生了罕见的旱灾,周围的几个省份也都发生了粮荒,百姓只能以草根、野菜充饥,王羲之身为一郡的父母官,看到如此情景不禁潸然泪下。他几次对灾民倾囊相助,试图救济,但即使把自己的俸禄全捐出去,对数量庞大的饥民来说也无异于杯水车薪,根本解决不了问题。

于是,王羲之召集了各主事官员,一起商讨赈济百姓的事宜。再不快想办法,百姓就要饿死了。在王羲之看来,这可是他们这些为官之人的头等大事。

王羲之对他的属下们说:"各位,今天召集大家来,是为了找出一个能在最短时间内救活多数灾民的办法,希望各位能够畅所欲言,积极提出建议。不必拘束于其他,只要有办法能使灾民们渡过难关,我一定全力支持。"

话刚说完,主管运输的官员便开口说道:"大人,是不是可以动用本郡的所有交通工具来运输粮食救济灾民? 这样做不仅方便,而且数量也会增加很多。"

王羲之听了以后摇了摇头,说道:"这个办法我早已想过了,用运输工具运送粮食自然没有问题,只不过周围的几个地区都在闹粮荒,他们自顾不暇,哪里还有粮食分到我们的车船上来呢? "刚刚发言的官员听了王羲之的分析也闭口不言了,是啊,没有粮食可运,调用那么多运输工具来做什么呢?

其他官员们听后面面相觑,然后一个个地耷拉着脑袋无计可施。这也难怪,现在主要的问题是粮食短缺,除非有办法能变出粮食来,否则其他的办法都解

决不了问题。王羲之看看他们,知道再等下去也不会出现什么实际可行的建议,便开口说道:"既然大家都没有更好的办法,那我只好下令打开城南的那几座大仓库,把里面库存的米粮调出来,赈济灾民!"

开仓放粮?王大人是不是被几个饿死在路边的穷百姓吓得失去理智了!大家立即打破了刚刚的沉默局面,纷纷向王羲之劝诫道:"大人,那几座仓库里的米粮是百姓上一期缴给朝廷的赋税,如今你要把这些全部分配给灾民,朝廷怪罪下来,我们都脱不了干系啊。大人,你可要三思啊!"

王羲之以异常冷静的口吻回答说:"我知道那些米粮是缴给朝廷的税,但是,如果现在不拿来救济饥民,老百姓饿死的饿死、逃亡的逃亡,田地也没有人耕种,以后朝廷还向谁去征税?到时候别说这几座仓库的米,恐怕连一粒米也征不到了。这不是杀鸡取卵嘛！我主张先打开仓库以解燃眉之急，以后的事以后再说。"

这些手下大多是谨慎行事，虽然爱戴王羲之，但他们都觉得王羲之做事太感性，不考虑后果；作为属下，他们认为有责任提醒他不要鲁莽行事。于是，一位官员说道："大人，这件事请千万慎重。没有上面的命令而擅自动用朝廷的税粮，轻则丢官，严重的话可是死罪啊！如果大人一定要开仓放粮，那么，必须按照规定，请示上面的批准。请大人为身家性命、自身仕途着想，万万不要鲁莽啊！"

王羲之笑了笑说："私自开仓放粮的严重性我知道，后果我也考虑过了。但是，就算马上拟一道呈请公文，上面也不敢做决定，一定会再往上去请示；这样，一层层转呈上去，再层层转送下来，一来一往，要好几个月的时间，等公文批准，发到我的手上，只怕本郡的

人早就死光了。所以，我决定不向上面报备，马上发放这批米粮来救济灾民。只要粮食都能用在百姓身上，就算上面降罪于我，我也问心无愧。这件事完全由我一人来承担，你们尽管做好赈灾的工作，其他事情不用担心。"

听了王羲之的这番话，在座的官员们无不深受鼓舞；即使是为官多年的官员们，也深深被王羲之的爱民之心、敢作敢当的魄力折服。于是，他们下定了决心要追随这位勤政爱民的好官，治理好这方水土。

王羲之从他们的眼神中看到了认同与诚服，便挥挥手说道："救人如救火，都快去吧，不要坐在这里发呆了。"官员们一个个站了起来，对这位可敬可佩的长官行过礼之后，便分头去办事了。

王羲之开仓放粮的举动挽救了无数百姓的性命，他也一下子成了深受百姓们爱戴的父母官。可是，王羲之私自放粮的事却让那些上级官员们十分不满，他们觉得他擅作主张、目无王法。于是，那些大官们纷纷指责王羲之，奏请朝廷处他以重罪。

朝廷接到检举之后，便派人来彻查这件事。经过一番调查，王羲之和他的手下并没有人利用这个机会徇私舞弊，也没有人从中谋利，而且，王羲之的这次赈济，的确保住了全郡百姓的命。除了王羲之擅自做主，找不出其他能攻击他的把柄，只好放过了他。经过这次事件，王羲之虽然在百姓心中树立了威望，但在仕途上却树敌无数，而且他的对手都是位高权重的人物。

思考如何应对灾荒

在经过这次灾荒后，王羲之开始思考灾荒发生的原因，以及应对的方法。他发现，天灾发生既然不是人力所能控制，那么就要注重事前的防范和事后的处理。

从前只要遇到荒年，当政的人便将灾民迁移到别处，以此来解决问题。但是，这种方式只是"头痛医头，脚痛医脚"，绝非解决问题的办法。很多灾民都走空了的地方，自此没有了人烟，没有了生息，变得更加荒凉，而那些移往别地的灾民在途中变成了难民，增加了其他地区的负担，以致造成恶性循环，产生新的问题。在王羲之看来,这种情形之所以会产生,归根结底就是那些不顾百姓生死的贪官污吏在作祟。

王羲之曾对朋友说:"有些当官的,只想做一天和尚撞一天钟。如果任期内没有天灾,便能安稳享乐;万一不幸遇上荒年,干脆眼不见为净,就把百姓远远地迁走。等到任期一满,马上拍拍屁股一走了之,把百姓丢在一旁不管不顾,这叫什么父母官!这样的官员还整日吃着朝廷的俸禄,对得起朝廷、国家吗!"

朋友回答说:"天灾这种事情,的确是不好处理。他们有的是不想办法,有的是想不出办法。你呢?可有彻底的解决办法?"

王羲之说道:"我想了很久,总算想出一个办法可以应对。我们对于天灾当然还没有办法避免,但是可以减少它的危害程度。江南这一带不是有很多河流吗?有的因为淤积过久,一有大雨便泛滥成灾,如

果我们能加以疏导使河道畅通,不但没有了水灾的顾虑,而且一旦遇到荒年也不用担心了。"

王羲之的朋友诧异地问道:"这和应对灾荒有什么关系?"

王羲之得意地解释道:"如果河川畅通,那么河运便会发达起来,万一遇到荒年,就可以从千里之外用船把粮食运来。从前需要好几个月的时间才能从远地运来一点点米粮,如果有了河运,几天之内便能运来救命的粮食,这不是比迁移民众要省事、经济得多吗?!"

朋友听了以后,也十分赞同王羲之的想法。于是,王羲之便开始未雨绸缪,疏浚了许多河流,拓宽了河面,并在各地普遍设立粮仓,储备粮食,以备不时之需。

但是,那些狡猾的贪官,常常利用职权,克扣或盗取这些物资,中饱私囊。王羲之下决心要惩治贪污,却因官官相护而无法执行。王羲之不明白,普通贪污罪就该处死,将救灾用的粮物钱财中饱私囊的官员不是更该处死吗!为什么有这么多人替那些贪官污吏掩饰、说情?难道公理不存在于官场中吗?

王羲之曾写了一封信给好友谢安,大意如下:

地方上的那些贪官污吏为所欲为,竟然勾结管理粮仓的人盗用赈灾的储存物资,而且盗用的数量多得无法估计。

我准备杀掉几个贪官,以儆效尤,但却没有人支持我,竟然还有人提出各种理由为他们的行为辩护,一想到这里,我便痛心不已!

你知道吗?据我调查,光是余姚一县就有将近十万斛的米粮被人盗卖,这一笔钱不知养肥了多少贪官污吏!这些人像蛀虫一样地啃噬着国家

的根本，一天不除去他们，国家就会一天比一天空虚，而我却束手无策！每念及此，怎不令人愤慨！

谢安也是在政治圈中滚打摸爬过的人，他深深地了解王羲之的个性，但他更了解官场的黑暗和那一套贪污伎俩。除了对王羲之安慰一番以外，他还能说些什么呢？

王羲之一个人的力量有限，自然敌不过多年的恶习；但是，一个有决心、有抱负的人绝不会放弃尝试，只要有机会，王羲之仍会尽力去做他应做的事，就算树敌无数也在所不惜。

为了解决粮食问题，王羲之绞尽了脑汁，但粮食产量仍然不足。为此，王羲之与自己的朋友和属下讨论过无数次，但结论都是一样——政府赋税徭役过重。除去被征走的，剩下的自家能够吃饱已经不错了；而且，战乱已久，国家又征调了很多人去服徭役，哪里

还有更多的劳动力去开垦劳作？这两个问题如不解决,粮食的产量就不可能提高。王羲之曾上书朝廷,建议减轻民众的赋税和徭役:

> 如果百姓努力耕作,而收成的大部分却要缴给朝廷,仅靠留下的一小部分用来养活妻小,自然是不够的。家人越多,日子越不好过。
>
> 再说,百姓生活实在很苦,无论晴雨都得下田耕种,又要除草、施肥,终年辛勤所得,却难获温饱,很多百姓只好放弃耕作,另谋生路,因此粮食产量自然也越来越少。
>
> 况且,百姓的困扰还不止这些。所有需要劳力的事情,都要找百姓去做,如修建官署、筑路、修桥。不管是农忙还是闲暇时节,动辄征百姓服役,今天去修桥补路,明天去运送各项物资,徭役的工作始终不断,田里的事只好放下不管,农田一旦荒

芜,粮食也就减产。

假如赋税、徭役略微减轻一点,不但是一项惠及百姓的德政,而且,这么一来,粮食增产,对朝廷也有好处啊!

可惜,王羲之的这种建议没有得到重视,更没有被采纳。但是,他并不因此而灰心,更不会就此放弃。"民以食为天""衣食足而后知荣辱",吃都吃不饱,还谈什么荣辱道义?还谈什么教化百姓?即使没有上级的支持,王羲之仍旧常常带领主管人员到处巡视,看看百姓们有什么困难需要解决,或是有什么问题有待他去处理。

有一次,王羲之和一班官员和百姓一起吃饭,有一位老人感慨地说道:"唉,如今是一年不如一年了。想当年,我们喝的酒哪儿像今天这么淡?真是不够味!"

话一说完，席上就有人七嘴八舌地接上去说："当然不同啦！你们当年用精选的米、麦等酿酒，味道当然香浓啦！可是，现在用来吃的都还不够，哪儿来的粮食去酿酒！充其量也不过是把差一点的米拿来酿酒，分量既少，质量也不好，酿出来的酒当然是淡而无味。"

王羲之听了这番话，似乎是愚钝了很久后猛然省悟似的，对着手中的酒杯愣愣地出神，再也没有去沾一滴酒。在座的官吏都很奇怪，因为王羲之的酒量他们很清楚，王羲之爱喝酒，更会品酒，今天他为什么只是看着杯中的酒发呆呢？

回到官署，王羲之便询问有关人员："本地一年之中，用来酿酒的米、麦等谷物大概有多少？"

这个问题突如其来，大家都不知道该如何回答，有位老成持重的官员很谨慎地说："属下不知道确切

的数量,不过百姓家家都会酿酒,而且市面上也有酒出售,再加上日子不好过,大家更是以酒浇愁,我想酒的消耗量既大,用来酿酒的谷物恐怕不在少数。"

王羲之沉吟了半晌,然后才开口说:"我们拼命想办法开源节流,一粒米都不肯白白地浪费掉,却没有想到,一年之中有这么多的谷物被酿成酒,喝进肚子里去了。如果年头好、收成多,倒还无所谓,但是现在怎么能如此地浪费呢!这些粮食本可以养活不少人,现在却被人一杯一杯地喝掉了。"

有人说:"这有什么办法,喝酒是人家的自由,官府也不能管那么多啊!"言下之意,便是抱怨王羲之别再生事了。

王羲之说道:"我决定马上下令,在一年之内,本郡不得酿酒或出售任何酒类。"

看着大伙惊愕不已的表情,王羲之接着解释道:

"现在粮食紧张,这些粮食本可用来填肚子救命,怎么能酿成酒水白白地喝掉呢?这种事当然要从我自己做起。这一年内我决不喝一滴酒,这样百姓就没有话说了吧!你们尽量去宣传,要百姓把这些粮食储存起来,有朝一日用到它的时候,他们就会了解我的苦心了。"

禁酒令一实施下去,的确节省了不少的粮食,救了不少人的命。但是,这件事却又成为政敌攻击王羲之的把柄,他们认为他大事不去管,导致粮食仍无增产,却管起了百姓喝酒这种闲事。有些人甚至道貌岸然地向朝廷上奏,批评起王羲之来:"对于百姓喝不喝酒这种事,历朝历代都没有禁令,而王羲之却打破前人的规矩,对百姓下起了'禁酒令',太不合朝廷对百姓的宽大政策了!"

王羲之被这一类貌似体恤百姓的指责闹得哭笑

不得,他心想:"百姓吃不上饭的时候,你们这些满嘴宽厚政策的'正义之士'和'父母官'都去了哪里?"他也曾写信给好友谢安,说起了这件事:

我之所以下令禁酒,原因很简单,因为除此之外再无更好的办法了。

粮食的生长和收获不是两三天的事情。春天播种,要到秋天才有收成,在此期间百姓也要吃东西啊;而且,到了秋天能不能顺利收割还是一个大问题。万一碰上旱灾、水灾、虫害,百姓的辛苦就白费了。所以,一定要在手头上有粮食的时候尽量储备,严格控制粮食的浪费现象,以备万一。

喝酒远比不上填饱肚子重要,难道为了喝酒连性命都不顾了吗?我下令禁酒,实在是不得已的办法。

现在这么多人攻击我、指责我,我并不伤心。

我只是觉得,为什么我做一件对百姓有益的事,就有那么多人反对!难道官员个人的利益要比天下百姓的利益还重要吗?

想到朝廷之内有这么多唯利是图的小人,我就十分忧心。再这样下去,廉政清明的官员会越来越少。到那时候,还有谁来关心百姓呢?

从王羲之给友人的这封信中可以看出,他已看出此时的局势对他很不利:光凭满腔的热血和干劲是行不通的,政敌只要一抓住机会就会颠倒黑白地恶意攻击他,只因他是不肯巴结附和他们、不与他们同流合污的异类。

王羲之是个政治家,有经世治国的才能,有以天地万物为念的胸襟,不图个人的享乐,一心只以国家人民为念,只做自己认为该做的事。

反对殷浩北伐前秦

　　东晋有一位名将，名叫桓温，他有军事才能，而且骁勇善战，为平定蜀国立下了汗马功劳，因而被封为"征西大将军"。但是，位高权重的他渐渐地有了反叛的迹象，这让东晋朝廷上下十分不安。桓温手握兵权，没人敢正面与他起冲突，生怕触怒了他引起更为严重的后果。在这种局面下，大家便开始扶植在当时略有名气的殷浩，希望能由他来对抗势力日益强大的桓温，使朝廷不再受其威胁。

　　为了和桓温对抗，也为了要培植自己的力量，殷浩便开始拉拢一些有名望、有才能的人士来提高自己的地位。就是在这种情形下,王羲之被殷浩礼聘为右军将军、会稽内史的。

王羲之当时怀着满腔的热忱,立即走马上任,准备好好地做一番事业。但是,王羲之逐渐发现,殷浩只是一心一意地想打垮桓温,其他的事一概不关心。王羲之看清楚了这种情形,十分痛心。王羲之虽在殷浩的手下做事,但却没有因此盲目地附和他。相反,王羲之认为"两虎相斗,必有一伤",终究不是国家百姓之福。在看清这种政治危机之后,他时常劝告殷浩不要在国家内部搞派系,以免造成国家的分裂和不安。

王羲之曾对殷浩说:"国家必须上下团结一致、同心同德,才能富强康乐。北方强悍的胡人正在对我们虎视眈眈,而我们的防线只不过是凭借一条长江而已!以区区的一条河流来做屏障,本就是毫无保障可言,要是内部又发生分裂不和的情形,我看国家迟早

按右軍將軍者會稽內史瑯琊王羲之也字逸少王導從子蟬聯美冑蕭散名賢少

學衛夫人書及渡江北之許之洛偏參斯隸鵠邕張岳蔡諸石刻始知前所學徒費

歲月遂師衆碑書法彌進尤善草隸晉穆帝永和九年莫春三日嘗遊山陰與太原

孫綽等四十有一人修被禊之禮于蘭亭揮毫製記興發而書遒媚勁健絕代更無

其時乃有神助及醒後他且更書數百千本終無如被禊所書右軍亦自珍愛論者

稱其筆勢飄若游雲矯若驚龍又如龍跳天門虎臥鳳闕其後為世所重者蘭亭記

樂毅論黃庭經也及唐太宗購晉人書自二王以下僅千軸寶惜者蘭亭記為最嘗

附耳詔高宗曰朕千秋萬歲後與吾蘭亭帖將去遂以玉匣貯藏昭陵無復入人間

見也燕子瞻詩曰蘭亭繭紙入昭陵蓋嘆世之所傳皆贗本耳

贊曰書字籠鵞山陰之阿蘭亭有記感慨何多風流晉代執與同科

〔清〕佚名《帝王名臣像册之王羲之》，故宫博物院藏

步前朝的后尘。"

但是，殷浩只是一个目光短浅的政客，早已被眼前的利益冲昏了头，哪里还会想那么多、那么远！听了王羲之这一番苦口婆心的劝告之后，殷浩漫不经心地回答道："你说得很有道理，我会考虑。"但是，实际上殷浩根本就没有把这些话放在心里。王羲之见殷浩对自己的一番肺腑之言毫不在意，更加痛心了。

当时那些同样被政治斗争冲昏头脑的官员，不是站在桓温的一边，就是倒向殷浩这一边，只有王羲之一个人孤立无援地为国家的前途而深深地忧虑着。

这种政治上的危机一天比一天严重，公元352年，头脑发热的殷浩为了要一劳永逸地彻底打垮桓温，准备在军事上和桓温一较高下，便提出要在这一年北伐前秦，以提高自己的威望。

殷浩做了决定之后，很狂傲地对王羲之说："想想看,我指挥着千军万马,浩浩荡荡地杀过长江,势如破竹地打败敌人收复失地,全国的军民将会如何欢迎我、崇拜我！桓温只平定了蜀国,算得了什么？我才是真正的大英雄！只要北伐前秦成功,我就可以趁势把桓温一举消灭,全国再也没有人可以和我分庭抗礼了,我会成为全国最有势力的人。啊,我的计划多么完美啊！"

殷浩越说越兴奋,说得口沫横飞、两眼发光,已陶醉在这尚未实现的胜利幻境之中。

王羲之面对殷浩癫狂的举动,只是摇摇头,很冷静地对殷浩说:"事情并没有你想得那么简单。北伐前秦不是小规模的作战,而是大规模地率兵进入敌人境内。国家一旦决定用兵,必须有十分谨慎详细的计划和充分的准备。这种事决不能轻举妄动,必须三思而后行。"

王羲之继续为殷浩解释道:"首先,你必须考虑到自身的力量和条件。我们现在的力量仅仅能够自保,哪里还能去打退敌人?而且国内的人心不齐,党派争斗严重,没人会真心支持你。在这种情形下,我们拿什么去和人家作战?况且,还没有开始打仗,你就已经这样轻敌,以为志在必得,这种仗怎么打得下去?"

可是,殷浩一心陶醉在对胜利成功的幻想里,根本听不进去王羲之这种泄气的话。结果,东晋的第一次北伐前秦就出师不利。

这时,王羲之建议要好好地就地集训、养精蓄锐,并检讨作战失败的原因,再切实地改进。没想到,殷浩对王羲之的建议全然不顾,竟然决定要再度出兵北伐前秦。

王羲之知道以后,急得团团转。再次出兵,不仅国家百姓负担不了,而且胜负早就可以预料,这不是

以卵击石吗！王羲之决定,不管用什么办法,一定要
阻止殷浩出兵。王羲之在心里盘算了一下:看情形直
接去劝殷浩是不可能了,因为他已丧失了正常的心智;
但是,朝廷中有那么多的大臣,总有一两个能冷静而
理智地分析局势的,也许他们有办法制止殷浩再度用
兵的愚蠢行径吧！于是,王羲之写信给当时朝廷中最
有影响力的会稽王司马昱,请他出面制止这种祸国殃
民的愚行。这封信的内容是这样的:

  我们现在仅凭借一条长江作为防卫的屏障,
仅靠江南一隅作为根据地,却想要经营天下的大
部分土地,这种自不量力的愚妄行为一定会招致
毁灭！

  我们至少要先把国内的人心团结起来。俗
语说:"楚虽三户,亡秦必楚。"国内不团结合作,
什么都是妄谈！其次是发展农业、增加生产,努力

培植国家的力量,这样休养几年,才有可能去攻打别人。如果现在自不量力地去和敌人作战,岂不是自取灭亡吗!

结果,这封重要的信却石沉大海,音讯全无。朝廷的亲贵怎么会听一个地方官的话呢!王羲之无奈,只有再去劝诫殷浩。他到了殷浩住所,直接开门见山地说道:"国家仅剩下这么一点力量,你一用兵就全部消耗光了,将来拿什么重建?上次吃了败仗的事,给你的教训还不够吗?士兵和百姓死得还不够多吗?你不要再执迷不悟了,要多为国家和百姓着想,不要只想到自己。"

殷浩一心要靠二次北伐前秦洗刷上次失败的耻辱,怎么会听得进去呢?只是一味地敷衍。王羲之见状,知道无可挽回了,便长叹一声,拖着疲惫的身体离开了。

在回去的路上,王羲之一句话也不说。他的朋友忍不住了,终于开口问道:"全国上下哪个人不希望北伐前秦能够胜利,打败胡人、收复故土! 你怎么总是唱反调,还总是说一些令人泄气的话呢?"

王羲之苦笑道:"我难道不晓得现在大家都在背后骂我吗! 有人说我是悲观派,有人说我只求苟安,甚至还有人骂我是'奸臣'。可是,事实上我也和大家一样,希望北伐前秦能够成功。我难道愿意一辈子寄居在江南这一小块土地上,眼睁睁地看着把大好的中原让给胡人去任意蹂躏吗?"

朋友反问道:"那么,你到底是为什么一直反对出兵? 这总该有个理由吧?"

王羲之回答说:"当然是有原因的。你想想看,国家一旦决定用兵,需要多少经费? 要牺牲多少人命? 如果能够打胜,那么这些牺牲总算值得。但是,如果明

知会失败还要去打,那么这些代价不都成为无谓的牺牲了吗?"

朋友听了不置可否,接着又问:"为什么你认为一定会打败仗?你看,我们的军队人数也不算少,武器装备也很好,应该是不会失败的啊!"

王羲之摇了摇头说:"打仗不光是靠人多和武器装备,最重要的是靠人心。你看看现在的朝廷之中的官员为了自己的利益而不择手段地打击对手,哪里会想到国家人民的安危?就拿殷浩来说,他决定出兵北伐前秦,难道真是想洗刷国家民族的耻辱吗?还不是想提高自己的声望,来作为打击桓温的本钱。赌赢了,他的前途会更加灿烂,地位会更加稳固,但是,国家却不会因为这一场胜仗而马上强大起来。万一输了呢?国家的存亡和百姓的生死他担得起吗?这种仗怎么能打?又怎么可能打胜?再说,殷浩又没有统率大军的指挥才能,更没有一个懂军事战略的头脑,你说由他率兵北伐前秦怎么可能成功?"

王羲之一口气说完了,他的朋友也默不作声,认为他的话很有道理。两个人同时沉默了。

果然如王羲之所料,公元 353 年,殷浩二度出兵北伐前秦,结果和第一次一样,又打了一个大败仗,损失惨重。

殷浩的第二次北伐前秦计划彻底失败,他的政治生涯也从此告终。殷浩从前的一些政敌,现在纷纷以各种理由来证明自己当初是如何不赞成盲目地用兵,开始攻击、弹劾他。结果,殷浩丢了官而被贬为平民,连带地使他的部属也受到牵连。王羲之既是殷浩的手下,又是他一手提拔的,自然无法幸免。但是,人们似乎忘记了,王羲之当初是如何努力地想制止这次军事冒险的。

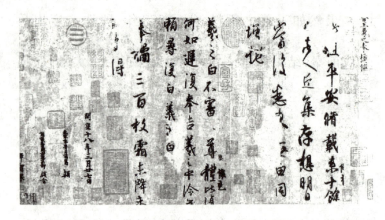

王羲之《平安帖》

（释文：此粗平安。修载来十余日。诸人近集，存想明日当复
悉来，无由同，增慨。）

注：此帖有残损。"修载"，即王耆之，字修载，是王羲之的叔
兄弟。

想想国事如此不堪,朝廷之中又没有真正的人才,而自己空有满腔热忱却不被重用,王羲之真是心灰意冷,政治热忱也开始消退了。他又气又恨,但却束手无策,力不从心!

结交会稽名士

　　会稽郡历史悠久,因会稽山而得名。上古时期,夏禹(即大禹)曾在此地大会诸侯,"会稽"(聚而考察的意思)之名正是由此而来的。夏禹死后也葬于此地。春秋时期,越王勾践卧薪尝胆的故事也发生在这里。秦始皇统一全国后,在会稽设郡。为了显扬功绩,秦始皇曾到各地巡游。据《史记》记载,公元前210年,秦始皇曾在会稽祭拜夏禹,并立下颂德碑。司马迁年轻时也曾来会稽探寻过大禹的墓,并将秦始皇所立碑石的碑文详记于《史记》中。

　　会稽山清水秀,自古以来就是文人名士聚集的乐土。东晋时期,云集于会稽的重要文人及隐士,有谢安兄弟、王羲之父子、许询、支遁等人。

王羲之担任会稽内史时,看到会稽的山川如此俊秀,而且名士聚集,非常欢喜,因此,当他对官场感到厌倦的时候,便会与一群好友来此游玩;时间一长,便有了终老于此的念头。他和一些好友赏花饮酒、谈论诗书,话题从不涉及朝政。

会稽名士中以谢安最为杰出。谢安是王羲之的好友之一,出身于东晋四大家族之一的谢氏家族。他的兄弟等人都是官场显要,可以说是一门富贵,但是,他却对政治从不过问,生活得悠然自得。他终日在山水之间怡然自得,其他时间便在家中或王羲之等友人的住处舞文弄墨,全无半点想要入朝为官的意思。朝廷曾经多次邀请他,他都一一婉拒。夫人曾问他:"你不打算做官吗?"他回答说:"恐怕终究还是免不了

的。"等到他的弟弟被罢黜,他才有出仕之意,当时他已经四十多岁了。他每次和王羲之等人一同去郊游,都要带着歌伎,在山水间吟咏。

有一次,谢安和孙绰等人泛舟于海上,忽然间狂风大作,白浪滔天,大家都吓得面无血色,而谢安却泰然自若。为了不使他扫兴,大家都不敢讲话。后来风势越来越大,谢安才慢吞吞地说:"我们回去吧!"这才把船驶回岸边。

谢安的弟弟谢万,也与王羲之有很深的交情。王羲之非常赏识谢万的豪气与才智,但他还是认为许询的才情更甚于谢万。

同为东山隐士的许询,也是会稽名士之一。他容貌俊美、才识丰富,是有名的清谈之士。他喜欢游山玩水,常常遨游于山林,也经常往来于京城。丹阳尹(尹是官名)刘惔曾说过:"每当清风朗月之际,都会令人想起许询这个人。"

在王羲之初任会稽内史时,孙绰曾屡次在王羲之面前赞美一个名叫支遁的人,说此人是一个有才气、有独特见解的僧人,并问王羲之是否愿意和他结识,但王羲之起初并不在意。

有一天,孙绰带着支遁一起去拜访王羲之,王羲之对支遁表现得很冷淡,表现出一副不大想和他交谈的态度。孙绰见状,只好带着支遁告退。

又有一次,王羲之因事外出,刚出大门时恰好碰到支遁,支遁主动和王羲之打过招呼后说:"贫僧想和你谈谈,不知道能否稍留片刻?"王羲之不好意思拒绝。于是,支遁滔滔不绝地谈起《逍遥游》,他的见解新奇、辞藻华美,听得王羲之赞叹钦佩不已,早已将等在门口的仆人和车马忘到九霄云外了。

这次接触让王羲之终于相信了孙绰的话,爱才

王羲之传

若渴的他一再劝支遁定居在山阴县的灵嘉寺。虽然支遁没有接受王羲之的好意，但从此以后两人经常来往，感情甚笃。王羲之曾以"阔达敏捷"来评价支遁。

除王羲之外的其他会稽名士们，也都很欣赏支遁的学识，更爱他洒脱的个性。据说，一位友人曾送给支遁一只白鹤，支遁极为喜爱，但又怕它会飞走，于是把它的羽茎剪短，但是，当他看到白鹤扑棱扑棱地拍着翅膀想飞却飞不起来的时候，又觉得于心不忍。等到它的新翅长成以后，支遁就让它自由地飞走了。

第三章

失意的『书圣』

一挥而就传千古

中国的书法到了王羲之的手中才算达到了登峰造极的境界,王羲之因此而被后人称为"书圣"。他最著名的代表作是《兰亭集序》。千余年来,历代的书法家、艺术家都一致推崇《兰亭集序》为行书的始祖,直到今天它仍是人们临帖习字的典范作品。有关王羲之作《兰亭集序》的故事,在历史上也常被人津津乐道。

公元353年,殷浩二度北伐前秦失败,王羲之也准备辞官退隐。那年的三月,正是初春时节,会稽一带天气晴和、风和日丽,王羲之看到国事日渐混沌不明,

自感前途渺茫,心情十分苦闷。他终日枯坐在家中,想起自为官以来,国家内忧外患的局面不但没有改善,反倒越来越恶化,觉得自己的才能无处施展,报国无门,心情更加恶劣了。

一天,王羲之看着窗外的春景,心想:"我再继续悲愁下去也是徒劳,与其这样自寻烦恼,不如出外散散心。像这样美好的景色,要是再邀来一些老朋友聚一聚、喝喝酒、吟吟诗,该有多好啊!"

想到此处,王羲之立刻摊开纸笔,准备写邀请函,但是用什么名目比较合适呢? 总不能无缘无故地把客人给拉来吧! 他想了一想,现在正是初春三月,就用"修禊"的名义吧。

中国的古俗,在三月上巳日——三月第一个巳日——这一天,人们会到河畔用河水洗去不祥。渐渐地,这一种习俗由宗教仪式演变为春光明媚下男女老幼的郊游、宴乐。一些达官显贵们更是要趁此机会聚在一起高谈阔论、饮酒赋诗,渐渐地这成为一种雅事。后来,人们就以三月初三这一天代替三月上巳。

王羲之正在埋头写信的时候,他的儿子王徽之看到了,便问道:"父亲,'修禊'是什么意思?我不大懂。"

王羲之放下笔,对儿子说:"嗯,这个嘛,简单地说就是一种仪式,通常在冬末春初的时候举行,人们利用这种仪式驱除去年的坏运,迎接今年的好运。这种习俗在周朝时便有记载,由来已久了。你想不想和我一道去见识见识,顺便再拜见一下你的伯伯、叔叔们?"

王徽之一听可以出去游玩,雀跃欢呼,便带着兴奋好奇的心情准备和父亲一道去开开眼界。

三月初三这一天,王羲之带着包括徽之在内的三个儿子与一些文人雅士,浩浩荡荡地来到会稽山阴县

的兰亭,谢安兄弟、孙绰兄弟,以及王羲之的叔父、内
弟等均在此列。

王羲之领着大家祈祷。在祈祷过程中,王羲之想
到自己一介文人,既不能领兵驱逐异族、收复失地,又
无力通过政治作为力挽狂澜,挽大厦于将倾,如今连
自身尚且不保,心中悲愤万分。他在心中默默地祷告
说:"多年以来,百姓没过过一天太平日子,为什么无
辜的百姓要遭受这种罪呢?我不求自己的幸福,只求
天下能够安定,让百姓过几天安稳日子吧!"

仪式完毕以后,大家便三五成群地聚在一起,喝
酒聊天。王羲之的心情还没有平复,躲在一边独自地
喝着闷酒。

这时,一个人站起来说:"今天大家好不容易聚
在一起,四周的景色又如此之美,我们不能辜负这美
好的时光,何不每人作诗一首?要切合时令,也要符
合我们今天聚会的意义。咱们不妨来个规定,如果
哪一个人作不出来,每人罚他一大杯酒,大家觉得怎

么样?"

这种提议对在场的文人来说正中下怀,哪有不赞成的道理!于是,众文士纷纷展开纸张,磨墨的磨墨、拿笔的拿笔,有的人搔头苦思,有的人一挥而就。

王羲之见大家兴致勃勃,不好扫兴,便也参与进来。他首先作了一首四言诗。在这一轮赛诗中,有十一个人各作诗两篇,有十五个人各作诗一篇;前余姚令会稽谢胜等十六个人没有交出作品,当场被罚了酒。

明代钱榖绘有《兰亭修禊图》,描绘了这一盛况(如图)。

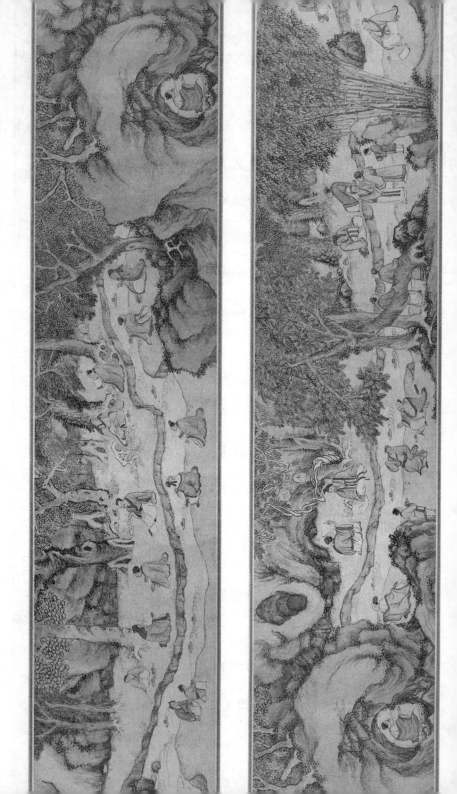

　　等到罚酒的这一幕过去以后，大家就开始品评各人的诗，有人击节赞赏，有人摇头晃脑地吟哦，好一幅欢乐的场面！

　　酒过数巡之后，又有好事的人提出意见说："今天这一次的聚会实在是太难得了，又有这么多的佳作，我们何不把这些作品都收集起来汇订成册，再请一位高手写一篇记叙这次兰亭集会的文章？不但有纪念性，说不定还会留名于后世呢！"

　　大家一听都表示赞同。不过，找谁来作这篇序言呢？这个人必须写得一手好字，还要文笔优美流畅，否则，好好的一次集会，却毁在文章上，岂不是大煞风景！大家想来想去，公推一位文笔好、书法更是首屈一指的人来做这件事，这个人不是别人，正是王羲之。

　　王羲之当仁不让地接受了这个任务。他摊开纸，提起笔，趁着几分酒酣耳热的醉意一挥而就，写下了名垂千古的《兰亭集序》。这篇序言的全文如下：

    永和九年，岁在癸丑，暮春之初，会于会稽山阴之兰亭，修禊事也。群贤毕至，少长咸集。此地有崇山峻岭，茂林修竹；又有清流激湍，映带左右。引以为流觞曲水，列坐其次。虽无丝竹管弦之盛，一觞一咏亦足以畅叙幽情。

    是日也，天朗气清，惠风和畅。仰观宇宙之大，俯察品类之盛，所以游目骋怀，足以极视听之娱，信可乐也。

    夫人之相与，俯仰一世，或取诸怀抱，悟言一室之内；或因寄所托，放浪形骸之外。虽趣舍万殊，静躁不同，当其欣于所遇，暂得于己，快然自足，不知老之将至；及其所之既倦，情随事迁，感慨系之矣，向之所欣俯仰之间已为陈迹，犹不能不以之兴怀。况修短随化，终期于尽。古人云："死生亦大矣。"岂不痛哉！

永和九年，歲在癸丑，暮春之初，會于會稽山陰之蘭亭，修禊事也。群賢畢至，少長咸集。此地有崇山峻嶺，茂林修竹，又有清流激湍，映帶左右，引以為流觴曲水，列坐其次。雖無絲竹管弦之盛，一觴一詠，亦足以暢敘幽情。是日也，天朗氣清，惠風和暢，仰觀宇宙之大，俯察品類之盛，所以游目騁懷，足以極視聽之娛，信可樂也。夫人之相與，俯仰一世，或取諸懷抱，悟言一室之內；或因寄所託，放浪形骸之外。雖趣舍萬殊，靜躁不同，當其欣於所遇，暫得於己，快然自足，不知老之將至。及其所之既倦，情隨事遷，感慨係之矣。向之所欣，俛仰之間，以為陳跡，猶不能不以之興懷。況修短隨化，終期於盡。古人云：死生亦大矣，豈不痛哉！每覽昔人興感之由，若合一契，未嘗不臨文嗟悼，不能喻之於懷。固知一死生為虛誕，齊彭殤為妄作。後之視今，亦猶今之視昔，悲夫！故列敘時人，錄其所述，雖世殊事異，所以興懷，其致一也。後之覽者，亦將有感於斯文。

〔唐〕冯承素《兰亭集序》摹本

每揽昔人兴感之由,若合一契,未尝不临文嗟悼,不能喻之于怀。固知一死生为虚诞,齐彭殇为妄作。后之视今,亦由今之视昔,悲夫!故列叙时人,录其所述,虽世殊事异,所以兴怀,其致一也。后之揽者,亦将有感于斯文。

这篇《兰亭集序》的意思是:

晋穆帝永和九年,即癸丑年,暮春三月之初,名士们在会稽郡山阴县的兰亭聚会,到水边进行消灾求福的活动。许多有声望、有才气的人都来了,有年轻的,也有年长的。这里有高大的山、险峻的岭,有茂密的树林、高高的竹子,又有清水急流,在亭周围辉映环绕。把水引到亭中的环形水渠里来,让酒杯漂流于水上供人们取饮,人们在曲水旁边排列而坐。虽然没有管弦齐奏的盛况,可是,一边饮酒一边赋诗,也足以痛快地表达各自埋藏在心中的情怀。

这一天,天气晴朗,和风轻轻吹来。向上看,天空广大无边,向下看,地上事物如此繁多,借此放眼观赏,开阔胸怀,穷尽视听的享受,实在是快乐啊!

人们彼此相处,俯仰之间一辈子,有的人喜欢讲自己的志趣抱负,在房间里和朋友面对面地交谈;有的人借着自己所爱好的事物寄托情怀,不受任何约束,放纵地生活。尽管人们的爱好千差万别,或好静,或好动,不尽相同,可是又都有这样的体验:当他们对所接触的事物感到高兴时,自己所要的东西暂时得到了,就快乐而自足,竟不觉得衰老即将到来;等到对于自己所喜爱或得到的事物感到厌倦,心情随着当前的境况而变化,感慨油然而生,以前感到欢快的事顷刻之间就变为陈旧的往事,仍然不能不因此感慨不已。何况寿命的长短随着造化而定,最后一切都化为乌有。古人说:"死和生也是件大事啊!"怎能不悲痛呢!

每当我看到前人发生感慨的缘由,如果碰到

和我想法一样的,我总是面对着他们的文章而嗟叹感伤,心里又不明白为什么会这样。我本知道,把生死同等看待是荒谬的,把寿命的长和短等同看待也是虚妄的。后人看今天,就如今人看以前一样,可悲啊!因此,我将当时的人与诗记下,即使时代变了,人们的思想情趣依旧。后人也将同样有感于这些诗文。

这篇《兰亭集序》字字珠玑、隽妙雅逸,它打破成规,另辟蹊径,不落窠臼,是一篇脍炙人口的优美散文,无论绘景抒情还是评史论志,都令人耳目一新。

不过,《兰亭集序》的更大成就在于它的书法艺术。全序共有二十八行、三百二十四个字,凡遇重复的字,全用不同的写法。其中以"之"字最多,共有二十个。也就是说,光是"之"字就有二十种不同的神韵。这样的序言,除了王羲之,还有什么人写得出来呢?

《兰亭集序》虽然是王羲之在醉意正浓时随兴完

成的,但却写得十分传神,有如神助一般,就连王羲之自己也觉得十分得意。酒醒之后,王羲之看到自己竟然写了这么好的一幅字,感到十分意外,于是拿起笔来想要再写一遍,但是试了好多次,都比不上之前的那幅。因此,王羲之对这一篇《兰亭集序》视若珍宝,常常拿出来欣赏。

"兰亭修禊"因《兰亭集序》而传为美谈,而《兰亭集序》更是成为脍炙人口的佳作,传诵至今。古今不知有多少名人雅士临摹过它,很多帝王将相都想一睹真迹,由此也产生了很多有趣的传说、曲折的故事。

"书圣"轶事

中国书法不仅是抒情达意的媒介,更是一种艺术;王羲之在书法上的造诣,可以说是将这种艺术推向了巅峰。王羲之在隶书、草书、楷书、行书等方面均十分擅长,尤其是行书,如行云流水一般。他在字体上博采众长,熔各家风采于一炉,并摆脱了汉魏的笔风,在书法史上自成一家。他的字平和自然,笔势委婉含蓄、遒劲健秀,世人常用曹植《洛神赋》中的"翩若惊鸿,婉若游龙"来赞美其书法之美。的确,他的字已不只是单纯的"字",而是已经成了一种"美"。

王羲之在书法上卓越的造诣,使他赢得了"书圣"

的美名,但是这个"书圣"的名号得来着实不易,王羲之在书法上的执着努力被后人广为传颂。

据说,王羲之家中有一个水池,每次他写完字以后就在池中涮洗毛笔、砚台。时间一久,池子里的水都变得漆黑如墨,可见他平日里下了多大的苦功。

王羲之最初学习书法时,都是模仿前人,虽然临摹得惟妙惟肖,但总是看不出自己的个性,他常常为此而感到不满,但却一直找不出原因,总以为是自己的努力不够,因此更加努力地练字。无论早晚,只要一有空,他便拿起笔来练字。渐渐地,他竟练得痴魔了起来,直到成年了依旧如此。

有一次,王羲之在睡梦中仍然不忘记写字,于是手指头不知不觉地比画了起来。很不巧,这场睡梦很快被打断了,他夫人用力地将他摇醒,并在一旁嗤笑。王羲之不明所以,便问她为什么大半夜把他叫醒,并且还一个劲儿地笑他。夫人见他一副不明就里的样子,又好气又好笑地说:"你自己也有肚皮,何必要在别人的身上写字? 要写的话,写你自己的好了!"

王羲之这才明白,原来自己睡梦中挥毫所用的"纸"竟是他夫人的肚子。想起刚才的情形,他自己也不禁大笑了起来。但是,随后他马上收住笑容,一拍脑门,恍然大悟道:"是啊! 我为什么要一直复制前人的成就而不写我自己的字呢?"从那以后,王羲之放弃了模仿,而是依自己的个性去写字,这才在书法上获得了极高的成就。假如没有夫人的几句话,王羲之或许一辈子都跳不出模仿前人的圈子呢!

许多艺术家都有自己的爱好,有的爱种花,有的爱养鸟。王羲之却有他特殊的癖好,不管哪里有好看的鹅,他都要兴致勃勃地去看,而且经常把它买回来赏玩。王羲之觉得鹅一面走一面叫,颈子一伸一缩,伸

屈的动作可以使他领悟出许多书法上的意境和道理。

有一次,王羲之听说有一个老婆婆养了一只鹅,浑身雪白,样子十分高贵,而且这只鹅很会鸣叫,更令王羲之神往。于是,他派仆人去向那老婆婆说,他准备买下这只鹅。老婆婆听说有人要买她的鹅,不肯答应,她说道:"我好不容易才把这只鹅养得这么大,平时都是它陪着我,我去河边洗衣服,它会一摇一摆地跟我去;我在屋旁种菜、喂鸡,它也陪着我。这种善解人意的鹅到哪里去找?我才舍不得卖掉呢!"

仆人没完成任务,回来后便一五一十地把事情的经过告诉了王羲之。王羲之听说这只鹅如此聪慧通人性,便更加喜爱了,可是他又不能夺人所爱,没有办法,他只好天天到老婆婆家去看鹅。老婆婆觉得很奇怪,心想:"这个人是不是有毛病?喜欢鹅喜欢成这个样子!"

观赏了几天的鹅,王羲之对它更是爱得不得了,于是又托仆人去恳求老婆婆,说自己真的非常喜爱这只鹅,请她割爱。老太婆一听说是王羲之,"啊"的一声叫了起来,说道:"你们怎么不早说是王右军想买呢?虽然我只是个老太婆,但我知道他是位一心为百姓着想的好官,而且还是位了不起的大书法家呢!请你们回去转告王右军,明天务必光临寒舍,让我这个老太婆尽一番心意。"

那个仆人回去把这个好消息告诉王羲之,他大为高兴,立即去准备了金银、布匹等礼物。想到明天那只聪慧优雅的白鹅就属于自己了,他兴奋得一夜睡不着觉。

第二天,王羲之兴冲冲地起了个大早,带着礼物赶去拜访老婆婆。一阵寒暄过后,老婆婆便坚持要他留下吃一顿便饭,他也很爽快地答应了。在吃饭前,

谁也没有提起买鹅这件事,因为王羲之一到老婆婆家就被她的热情感染了,实在不好开口去提"买鹅"这件事。

老婆婆高高兴兴地下厨去张罗饭菜,王羲之信步走到庭院,却没有看到那只白鹅,走到河边也没有看到,心中感到奇怪,又不好意思直接问。回到屋内,老婆婆已准备好了饭菜,王羲之见她端出来一大碗红烧鹅肉,惊得"啊"了一声。他一心想好好爱惜饲养这只鹅,今天专程来访就是为了这只鹅,但出现在眼前的却是一大碗鹅肉,他的伤心可想而知。

原来这个老婆婆家里穷,实在没有什么好东西来款待贵客,觉得有失敬意,便忍痛把这只大白鹅杀了。在得知王羲之此行的目的之后,老婆婆也十分后悔。王羲之看着这碗冒着热气的鹅肉,把礼物放在桌上,伤心地离开了。回家之后,他叹息了整整一个晚上。

〔明〕陈洪绶《羲之笼鹅图》，浙江省博物馆藏

〔清〕任颐《羲之爱鹅》，中国美术馆藏

120

〔清〕任颐《羲之爱鹅图》，故宫博物院藏

还有一次，王羲之到郊外去游山玩水，在山中遇见了一个道士，这位道士养了一大群羽色鲜亮的白鹅，王羲之看到了自然是喜出望外。他看着这群美丽的白鹅鸣叫、拍翅、扑打的模样简直出了神，根本没有注意到旁边的道士。过了好久，他才回过神来对道士说："这一群鹅你卖多少钱？我全部买下来。"

道士很奇怪地看着王羲之，心想："这世上真是什么怪人都有！"他便反问王羲之："先生，我没有听错吧？你刚刚是说想买一只还是全部？"

王羲之把手一挥，兴奋地说道："不是一只，这些鹅我全部都要，是全部！"

道士越看面前的这个人越觉得奇怪，看他的模样，既不像是做买卖的，也不像是肉店或酒楼的老板，买这一大群白鹅干什么？于是便很客气地问王羲之："先生，请问你把这些鹅买回去做什么呢？"

王羲之也觉得自己刚才有点失态,便很诚恳地说:"在下王羲之,一向喜欢鹅,尤其是白鹅。刚刚看到先生的这一群鹅,个个器宇轩昂、羽色鲜亮,真是难得!"王羲之说完,又回过头去看那一群白鹅,开口说道:"先生,你能把这群鹅卖给我吗?多少钱你尽管开口。"

道士沉吟了一会儿说道:"这些鹅是我亲手喂养的,我也十分珍爱它们。你既是王羲之,卖给你自然是没问题了,我相信你一定会很仔细地照料它们的。"顿了顿,道士接着又说:"我是方外之人,钱财对我没有多大用处,你是个文人雅士,谈钱也似乎有些俗气了……"

王羲之焦急地问道:"那么,你有什么条件?"

道士回答说:"我曾经许下心愿,要抄一部《道德经》,并为此备好了上好的纸、笔,只是我这一手字丑得见不得人,胡乱涂鸦恐怕亵渎了神明,所以一直不

敢动笔。今天你既然来了,也是一份善缘,我看就这样吧,我把这群白鹅全部送你,条件是你替我抄写一部《道德经》。"

王羲之起初以为道士迟迟不谈价钱,一定会提出什么苛刻的条件,没想到只是要他抄一部《道德经》而已,这有什么难的,"写字"本来也是他的乐趣之一嘛!于是当下便答应了下来。

王羲之一丝不苟地从上午抄到下午,才把整部《道德经》抄完。工工整整、字字隽秀,道士捧在手里如获至宝,而王羲之也高高兴兴地赶着一群白鹅,伴着晚霞、清脆的鹅鸣下山回家了。

一天,王羲之路过集市,见一家饺子铺门口人声鼎沸,热闹非凡,尤其是门旁的那两副对联分外惹人注目,上面写着"经此过不去,知味且常来"十个字,横匾上写的是"鸭儿饺子铺",但是字却写得呆板无

〔明〕杜堇《古贤诗意图卷》之《王右军》（李白诗）

李白诗《王右军》

右军本清真，潇洒在风尘。山阴遇羽客，要此好鹅宾。

扫素写道经，笔精妙入神。书罢笼鹅去，何曾别主人？

王羲之《道德经》（局部）

力。王羲之看罢，心中暗想：这样难看的字，也配出现在匾上！他走近一瞧，见铺内有一大锅开水设在一道矮墙旁边，一个个包好的白面饺子好似会飞的小鸟，一个接一个地越墙飞来，不偏不倚正好落入滚沸的大锅中。王羲之一见十分稀罕，便要了一大碗饺子。等饺子端上来后他才发现，刚刚的那些"小鸟"都玲珑精巧，好像在水上嬉戏的鸭子，真是巧夺天工！他夹起一个饺子，慢慢地送到嘴边，轻轻地咬了一口，顿时鲜香满口。不知不觉间，他已经把那一大碗饺子全吃到了肚里。

一顿饱餐之后，王羲之便问店伙计："请问店主人在哪里？"

店伙计用手指着矮墙说："回相公，店主人就在墙后。"

王羲之绕过矮墙，看见一位白发老太太坐在面板

前,一个人擀着饺子皮,然后又自己包起了饺子馅,动作麻利极了,白白的饺子转眼即成。更令人惊奇的是,饺子包完之后白发老太太便随手向矮墙那边一抛,鸭儿饺子便一个一个地依次越墙而过。

老人高超的技艺令王羲之惊叹不止。他赶忙上前问道:"老人家,你这功夫是多长时间练就的?"老人答道:"不瞒你说,熟练需五十年,要做到纯熟则需要一生。"

王羲之沉吟片刻,品着话中的道理,然后又问:"你的手艺这样高超,为什么门口的对子不请个人写得好一点呢?"

老人气鼓鼓地说:"相公有所不知,并非老太婆我不愿意换个好看的匾,只是善于写字的人不好请啊!那些人在写字上刚有了点名气,就自诩为'书法家',你见哪位书法家肯为我们老百姓写字?即使写了,我也不稀罕,照我看啊,他们写字的功夫,还不如我这扔饺子的功夫深呢!"

虽然老人的话并无所指,可是王羲之听了之后却觉得脸上火辣辣的,羞愧难当。于是,他特意写了一副对联,恭恭敬敬地送给了这位老人。

王羲之任会稽内史期间,有一次和人到辖域内的蕺山去游玩。那里山明水秀,景色十分怡人,他们饮酒作诗,吟唱取乐,十分尽兴。

有个老婆婆拎了一篮子六角形的竹扇在桥边叫卖。那种竹扇很简陋,没有什么装饰,引不起过路人的兴趣,看样子是很难卖出去了,老婆婆十分着急。

王羲之看到这个情形,很同情那个老婆婆,就上前和她说:"你这竹扇上没画没字,当然卖不出去。我给你题上字,怎么样?"

老婆婆不认识王羲之,不过,见他这样热心,也就

把竹扇交给他写了。王羲之便吩咐书童把纸、笔拿出来，在这些扇子上写几句诗，题几句话，有的上面只写了三两个字。

老妇人起先看到这位先生相貌堂堂，身后又有两个人跟随着，想必是个大有来历的人，因此也不敢开口，任凭王羲之在扇子上写字、画画。

一番加工之后，王羲之把这些扇子还给老婆婆。老婆婆不识字，当然更不懂得欣赏书法，只觉得他写得很潦草，一通涂抹之后又没有要买的意思，于是很不高兴。

王羲之安慰她说："别急，你告诉买扇的人，说上面的字是出自王右军之手，每把一百钱。"说完便离开了。

老婆婆将信将疑，但还是照王羲之的话做了。集上的人发现了老婆婆售卖的竟是王羲之的真迹，一传

十、十传百,一时间都一窝蜂地拥向老妇人的扇摊。转眼的工夫,扇子就被一抢而空。

老婆婆尝到了甜头,第二天便又拿了一箱扇子到王羲之家中,想请他再替她加工一番。但是,这一次王羲之可就没有再帮忙了。如果是人手一扇王羲之的墨宝,那真迹还有何珍贵可言?

有一次,王羲之去学生家里闲聊,师生二人相谈甚欢。突然王羲之看到学生家的桌子擦拭得一尘不染,光滑洁净,便一时书性大起,当即向学生要了笔墨,省去了纸张,就在这张光滑的桌子上写了起来,写到酣处,字字龙飞凤舞,笔笔淋漓尽致,笔锋遒劲,几乎渗入了桌面里。

学生在旁看得兴起,心想:"老师平常惜字如金,今天却兴致大发,写了满满一桌子的字,真是难得!等老师回去了,我定要叫家人好好地保存,留作纪念,

客人来了也好炫耀一番。"

这个学生送走了王羲之，回到房间一看，差点气得昏死过去，原来桌上的字已经被刮得干干净净。一问之下，才知是自己的父亲干的"好事"。

这个学生十分懊恼，但又无法责怪父亲，他的父亲知道自己刮掉了书圣的字迹，也万分懊悔，一边跺脚一边说："我怎么知道这是王右军的字！我还以为是哪个顽皮的小鬼到处乱写乱涂，竟然写在桌面上，而且还渗到桌子里，所以才把它刮掉。"

虽然学生为了此事懊恼了许久，可是王羲之的字"入木三分"的说法却被广为传颂。

〔明〕仇英《右军书扇图》，上海博物馆藏

反对清谈

汉朝末年,天下大乱,群雄割据,继而三国鼎立,直到魏晋时期,纷乱不安的局面仍然持续着,社会秩序完全被破坏。两百多年来,民众流离失所,几乎没有一天的太平日子,处于这种恶劣环境中的人们感到生命无常,所以流于悲观、消极,而且思想也倾向于颓废、怪诞、厌世。在这种情形下,社会上产生了一种十分特殊的风气,这便是"清谈"。

所谓的清谈,是相对于谈论俗事而言的,也称为"清言"。士族名流相遇,不谈国事,不论民生,专谈些不着边际、内容虚空的话题。谁要是谈论如何治理国家、如何富国强兵或谈论某人政绩显著等,就会被其他人贬低为所谈话题低俗肤浅,并遭到讽刺。当时,时常可见名流雅士们席地而坐,仙风道骨般地轻挥动手中的拂尘,随后便开始海阔天空地谈起来。

在清谈的过程中,一方提出自己对主题内容的见解,以树立自己的论点,另一方则通过对话进行"问难",推翻对方的结论,同时树立自己的论点。在相互论难的过程中,其他人也可以就着讨论主题发表赞成或反对的意见,称为"谈助"。到讨论结束时,或主客双方协调一致,握手言和,或者各执一词,互不相让,于是有人出来调停,暂时结束谈论。以后还可能会有几次三番的较量,直至得出结论。取胜一方为"胜论",失败的一方为"败论"。

后来,清谈的内容也越来越玄奥,逐渐变成了谈玄说理,大家耗费了许多时间和精力在一些言不及义

或是深奥缥缈的道理上。起初是一些文人参与，渐渐地参与的人越来越多，连一些朝臣也加入进来。清谈既可以抒发一下苦闷的心情，又可以提高声望，何乐而不为呢？

王羲之痛恨文人名士的纵欲赏乐，对无所事事而高谈佛道玄理的人更为不齿。眼看着大家竞相清谈而不重实务，王羲之的内心不禁生出"众人皆醉我独醒"的悲凉和寂寞之感，被视为不正常也很自然了。王羲之空有一腔热血，根本无法施展！在觉得孤立无助的时候，王羲之也会写信给自己的家人来倾诉内心的苦闷：

现在这一班所谓的名流雅士，天天手里拿着拂尘，穿着宽大的衣服，只顾海阔天空地胡扯。这样子对国家有什么帮助？他们躲在一个世界里饮酒谈天，难道忘了在不远处的北方，胡人正虎视眈眈地觊觎我们的国家吗? 忘了还有无数吃不饱、穿不暖的百姓吗? 现在这种风气已经弥漫到社会各阶层了,上下都喜欢这样。再这样下去,不必等到胡人入侵,自己就会先垮了!

第四章

兰亭遗风

仕途多舛

在殷浩遭受弹劾被贬为平民以后,接替他职位的是王羲之同族的一个侄辈子弟王述。王羲之向来十分看不起这个趋炎附势、见风使舵的小人,现在却要在他的手下为官,这叫王羲之怎么忍受得了? 他们两人虽同为王氏子弟,但因性情各方面很不投契,所以关系处理得很不愉快。

王羲之虽然在官场上做不到左右逢源,但他勤政爱民的好名声早已传开,其学识才华在社会上也享有盛名,所以,起初王述对王羲之还是十分容忍,甚至还想巴结、拉拢他。

王述因为母亲过世,便住在本郡守孝。王羲之只是礼节性地去吊唁了一次,便不再去第二回。守孝的王述每次听到号角的声音,总以为是王羲之前来拜访自己,都要做一番大扫除,以等待王羲之的到来。这样的情况持续了好几年,但王羲之一次也没有光顾王述的住处。王述因此心里很不痛快,对王羲之怀恨在心,逢人就说:"我身为他的长官,他至少应该礼貌性地拜访我一次呀!何况我每次听说他要经过,都郑重其事地准备着要招待他,但他对我视而不见,简直就是蓄意侮辱嘛!"

有人把这些话转告给王羲之,并劝告说:"王述既然如此地看重你,而且又是你的顶头上司,你何不专程去拜访一下呢?至少也可以让他面子上好看些。"

王羲之十分不屑地说:"我才不愿和那'痴儿'在一起呢,更不要说去拜访他了。我可不想因为要让他面子好看而失了我自己的面子。"

这话传到了王述的耳朵里，把王述气得咬牙切齿，他对朋友说："这可恶的东西！仗着自己有一点名气，竟然敢这样蔑视我。要是不给他一点颜色看看，那我这个长官还怎么做得下去？真是'敬酒不吃吃罚酒'，咱们走着瞧，看到最后是谁失了面子！"

等到王述被任命为扬州刺史时，他上任之前，遍访郡内名流，就是不去王羲之家，只是在临出发的时候匆匆道了个别。

此后，王述常常故意到王羲之管理的会稽郡去视察，说是视察，实际上就是故意找碴儿，"鸡蛋里挑骨头"，每次都要弄得地方官焦头烂额、全郡鸡飞狗跳才罢休。

有一次，王述来到郡府官署，借口要检查储存的粮食，王羲之只好带着有关人员陪着王述到城北的粮

仓去。一路上,王述指着道路说:"这条路怎么凹凸不平的,你们是怎么搞的? 朝廷花了那么多钱,结果就修成这个样子,真不像话! 下次我来时这种情形一定要改善,听到没有?"王羲之看到他那种盛气凌人的样子,心中真不是滋味,但又不能发作。

到了粮仓,管仓的人打开了仓门,请王述进去察看。王述大大咧咧地走了进去,王羲之和其他大小官吏也跟随其后。只见王述用手在窗槛上抹了一下,马上大叫起来:"啊呀! 这么厚的灰尘,像什么话! 这里的管事整天都在干什么,光拿薪水不做事吗? 你们这里也散漫得太不像话了!"然后又用手指着堆积如山的一包包米粮道:"这些米包是谁堆的? 乱七八糟,下次一定要改!"

王羲之和手下的大小官吏早已被气得脸色发青,这哪里是视察,简直就是无理取闹嘛,长期下去可怎么受得了？但王述是长官，在这么多下属面前，王羲之也不好和他争辩，只好把这口闷气憋在心里。

王羲之心想："这个'痴儿'不会善罢甘休，只要在他的手下一天，就要受一天这样的气，干脆向上面申请把我调到其他地方，只要脱离他的管辖就好了。"

下定决心以后，王羲之立刻上书请调越州。这份请调的公文自然要经过王述，王述看到了这份公文，冷笑了一声说道："想走？没这么容易，谁让你当初那么骄横，装清高。现在知道怕了吧，哼！现在你就受不了，好戏还在后头呢！"

王述把公文压下来以后，放出消息说：王羲之或许有些什么把柄怕被王述抓到，想趁着事情被揭发之前一走了之。这种谣言被一些趋炎附势的小人利用，拿来攻击和讥笑王羲之。

王羲之认为，如果这种情形继续下去，那么自己

一定会被弄得身败名裂。

当时,还有一件可怕的事情正在酝酿着,就是各大家族间的斗争越来越尖锐化、明朗化,结果必将导致国家衰亡。

自从大将军王敦、丞相王导相继去世后,王家力量顿显衰弱,而谢姓家族却在慢慢地崛起,渐渐地有了取代王氏的野心。一直以来,王家的势力太大,压得其他的各姓家族都抬不起头来;现在,王家力量减弱了,其他各姓家族正好乘机而起。因此,王氏家族的人渐渐地受到排斥和敌视,谢姓家族开始联合其他家族的势力,准备要取代王家的地位了。

王羲之曾对族人说:"国家由谁来主持政治都无所谓,只要他确实有才能,能为国家百姓谋求福利,不管他姓什么,我都会拥护他。"

族人反驳王羲之说:"你别忘了你也姓王,如果有

人想消灭我们,你的下场又会如何?难道你要站在敌

人的阵营吗?"

王羲之很沉痛地回答说:"局势如此动荡,国内政

治又是如此不稳,归根结底一句话,就是大家太自私,

动不动就分'你们''我们'。一个国家分这么多的派

系,而且每个派系都想独大,想尽办法去消灭其他人,

这样下去,国家怎么能安定呢?"

王羲之传

王右軍

山陰道士養群鵝羲之六往觀之道士云為寫道德經當舉群鵝相贈羲之欣然寫畢籠鵝而去其任率如此

〔清〕上官周《晚笑堂画传》之《王羲之》

退隐山林

在战乱频仍、内部纷争不止的东晋,王羲之的政治道路非常不顺利。被逼无奈,王羲之只好辞官归隐。

王羲之在五十二岁那一年的初春时节,独自一人来到郊外。他顺着小径走到尽头,在一座墓前恭恭敬敬地跪了下来,轻轻擦拭着墓碑上的字。原来,这是王羲之父母的墓。

跪立于墓前,犹如又见到父母一般,年过半百的王羲之心中百感交集。幼时父亲教他习字,母亲教他做人,一幕幕往事重新浮现,如在目前。过了很久,王羲之才把埋在双手中的头抬了起来,脸上早已是泪痕

斑斑了。

一想到今天来这儿的目的，王羲之的情绪又变得十分激动，声调也由刚刚的泣不成声变得坚定起来。他整理了一下思绪，对着父亲的墓诉说了起来：

父亲，孩儿不孝，本身没有才能，又不能继续接受你的训示教诲，却很侥幸地做了官，但是，既没有什么好的成绩来报效国家、造福百姓，又没能达到你对儿子的期望。每每想到这里，我心中就感到十分愧疚和恐惧，生怕这样下去会辱及父亲的名声。所以，儿子准备辞官退隐，把职位让给更有能力的人。

今天特地在你的面前发誓，以后孩儿若再存做官的念头，不但不配做你的儿子，更不为世人所容。我的决心就像天地日月般恒久不变，我立誓再也不会出来做官了。

就这样,王羲之毅然决定结束自己的政治前途,辞官归隐了。

在回家的路上,王羲之步履轻快,表情也放松了很多,似乎已抛却了沉重的包袱,即将面对一个新的开始。他的夫人正倚在家门口很担心地眺望着外面的天色,她早已觉察到这两天丈夫总是眉头深锁,一副心神不宁的样子,这令她十分忧虑,但又不知该如何帮他。这时,她看到王羲之远远地走了回来,一度堆积在他脸上的阴霾也不见了,脸上露出了难得的笑意。她想,不管是什么困难,现在大概已经解决了。于是,她殷勤地迎了上去,侍候他更衣梳洗,让他好好地休息一下。

与王羲之结婚多年,郗璿很了解丈夫的个性,她心想:他做了什么大的决定,一定会告诉我的;我先不要问他,等一下他一定会忍不住要告诉我的。

果然，王羲之刚举起了筷子，便忍不住开口说道："你怎么不问我今天一天都去了哪里，做了什么事？"

郗璇听了后抿着嘴笑了笑，心想果然不出所料，但是，她没有答话，只是静静地看着丈夫，等待着他继续说下去。

王羲之说："今天我去看望了父母，并向父亲立誓：从今天起，我不再做官了，我要退隐山林，过悠闲的日子，好好地陪陪你和孩子们。"

郗璇没有料到丈夫会辞官归隐，吃了一惊，但仍然不动声色地问道："你现在不是做得好好的吗？官职也不算低了，为什么说辞官就辞官了呢？"

王羲之叹了一口气，沉默了下来。过了许久才开口说："其中的原因你就不清楚了。"王羲之看了看妻子，长叹了一声，没有再继续说下去，似乎又陷入了深深的无奈和苦闷之中。因为决定辞官归隐的原因太复杂，不是三言两语就可以说清楚的，他也不忍心让妻子为他担心，于是便以身体老迈、很多事情力不从心等为由，遮掩了过去。

这一年，王羲之称病告老归田。退隐山林之后，他就不再参与政事，常常和三五好友游山玩水，含饴弄孙，希望可以享享人间的清福。

可是，忧国忧民的王羲之，怎么会就此放弃他对国家社会的责任呢？他仍然十分关心国事，由于已经退出政治圈，更能以"旁观者清"的角度来审视着局势的变化。

王羲之《行穰帖》

（释文：足下行穰，九人还示应决不？大都当任。）

成功避免了一次内战危机

王羲之退隐山林后，曾经设法调停了谢、王两大家族和桓温之间的冲突，硬是把国家从毁灭性的内战边缘拉了回来。

桓温自从打垮了政敌殷浩之后，声威大震，手上又掌有兵权，因此越来越骄悍，又渐渐地暴露出反叛的迹象。这时，东晋的政权已差不多掌握在了谢氏家族的手中，他们为了保全自己得来不易的权力，便把素来刚愎自用的谢万外调，出任河南领军，准备用他来牵制桓温。在这种情势下，内战一触即发。

这种政局变动使仍热切关心国事的王羲之非常

焦虑忧急,他曾对友人说:"这样下去怎么得了!百姓好不容易过了几年太平日子,眼下又可能要发生一场内战。同为朝臣,为什么要互相残杀呢?难道不能彼此消除仇视,共同为国家朝廷效忠吗?"

友人劝道:"你现在已经退隐了,何不喝喝酒、赏赏花,却非要操这份心!"

王羲之苦笑道:"你这话说得容易。国家动荡不安,你我能够悠闲地喝酒赏花吗?何况,如果局势恶化,王氏家族一定也会插一脚,到时我也难免会被殃及。"

王羲之分别给桓温、谢万去信,巧妙地做了调解。最终,桓温的戒心有所消除,谢万也勉强接受了暂不动兵的建议。

这一场几乎爆发的内乱,就这样平息了下来。但从其中可以看出,处在政治夹缝中的王羲之,为了获得敌对双方的和解是如何的努力。王羲之想不明白的是,这些争权夺势的人难道不懂"唇亡齿寒"的道理吗？难道他们不知道一旦内乱发生,外族必会趁机入侵,那时国家灭亡了,夺权成功的一方又有什么值得骄傲的？

好不容易逃过了这一次的政治斗争,王羲之更加忘情于山水了,他走遍了名山大川,游览了各地名胜。他曾经写了一封长信给谢万,大谈游山玩水、植桑种麻、含饴弄孙的乐趣,表示自己年岁已大,不愿再关注政治了。最后郑重声明:"老夫志愿,尽于此矣。"王羲之想借谢万来向那些当权和争权的大族表明自己的心迹,以免在暮年还要被卷入政治的斗争中。

宰相谢安的挚友

有一次,王羲之和谢安到南京郊外去游玩。这时的谢安已是贵为一人之下、万人之上的宰相了。他们两人登上高城,向远处眺望,东晋的锦绣河山尽在眼前。

谢安以一种超凡脱俗的高雅情趣悠然地翘首远望,感慨地说:"唉!这么美丽的山川,如果我也能做个与世无争的隐士,像你一样,终日在山水间悠游,不问世事,那该有多好啊!"

王羲之听了很不以为然地说:"大禹忙于国事,以致手脚都长了茧子;周文王处理机要,忙到半夜还觉得时间不够。国家时值多事之秋,这是士大夫的耻辱!
此时,每个人都应想着为国出力,对国事应该更加关
心才对,你怎么可以说出'不问世事'这样不负责任的
话?大家都想逃避责任,只为个人打算,难道没有想
过,如果国土陷落了,你我去哪里退隐?哪里还有什
么山水可供我们遨游?你这种浮华的说辞,恐怕不是
当前所应该提倡的啊!"

谢安被王羲之这么一训,脸上很挂不住,心想:"我
毕竟还是一朝的宰相,你这么训我,岂不是当面给我
难堪!"于是,他不情愿地反驳说:"难道是空谈浮华
的作风导致了秦朝的灭亡吗?我身为宰相,这种道理
难道我还不明白吗?"

王羲之看了他一眼,说道:"就因为你是宰相,更
应该想到这一点,国家当此危急存亡之秋,你更不能
有这种空谈的想法,你应该学一学夏禹、文王那样勤

宰相安和帖

王羲之《宰相安和帖》

（释文：宰相安和，殷生无恙，时面兄当宣兄怀）

政爱民，对国家和百姓负起责任来才对。"

　　谢安已算得上是东晋时代最杰出的人物了，但仍然不免受到"清谈"这种虚妄而不切时宜的思想影响，也常常会有这种偶然的情感抒发。王羲之对谢安这位朋友抱有很高的期望，他知道以谢安的才能对东晋必有更大的贡献。谢安偶尔产生这种消极悲观的思想，王羲之便会疾言厉色地劝诫他，而谢安通常也都能接受。在某种程度上，王羲之鼓励了谢安肩负起匡扶社稷的重大责任。

享年五十八岁

公元 361 年,王羲之去世,享年五十八岁。王羲之死后,朝廷感念他一生忧于国事,追封他为"金紫光禄大夫",但是,他的子孙遵奉他"永不做官"的遗命,坚决推辞不受。

王羲之的一生际遇极为坎坷:出身于豪强大族,却一直很不得志;有治事的才干,却无法一展抱负;有远大的政治眼光,却无人赏识;有"以天下为己任"的胸怀,却为人猜忌,结果只留下一个"书圣"之名。

事实上,王羲之在政治见解、治世才能上丝毫不逊于谢安等人,但这些却极少为后人所知,被他在书法艺术上的成就掩盖了。人们低估了王羲之的才能，也低估了他对东晋王朝的贡献。

王羲之共有七个儿子、一个女儿。他的七个儿子中有五个在史书上留下了名字，而其中又以王徽之、王献之两兄弟最为出名。王献之幼年随父亲王羲之学习书法，但不为父亲的成就所束缚，敢于创新，以行书和草书闻名后世，在书法史上被誉为"小圣"，与其父并称"二王"。

王羲之临死时，把子女叫到床前吩咐道："孩儿啊！为父一生落魄，没有什么东西可以留给你们，但是，这幅《兰亭集序》是我一生作品中的精华，凝聚了我的心血，看到它，你们会想起我这个做父亲的。希望你们能永远地保存它，把它当作我们王家的传家之宝，千万不能让它落到旁人的手中，否则我死不瞑目，你们要千万牢记。"

王羲之《快雪时晴帖》

（释文：羲之顿首。快雪时晴，佳。想安善。未果，为结。力不次。王羲之顿首。山阴张侯）

鴨頭丸帖

鴨頭丸故不佳明當必集當与君相見

王献之《鴨头丸帖》

（释文：鸭头丸，故不佳。明当必集，当与君相见）

王羲之传

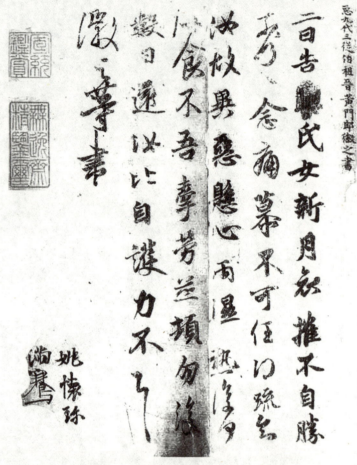

王徽之《新月帖》

（释文：臣九代三从伯祖晋黄门郎徽之书。二日告，□氏女新月，
哀摧不自胜。奈何、奈何。念痛慕不可任。得疏，知汝故异恶
悬心，雨湿热复何似。食不？吾牵劳并顿，勿复数日还，汝比
自护。力不具。徽之等书。姚怀珍，满骞。）

儿女们早已泪流满面,异口同声地回答说:"父亲,你安心地去吧,孩儿们一定会好好地保存它,绝不会让它受到丝毫的损坏,更不会让它落到外人的手中。"

王羲之听了子女们的承诺,含笑而逝了。

《兰亭集序》真迹的消亡

王羲之的儿女们遵照父亲的遗言,谨慎地保存着《兰亭集序》。后来,这本帖子被王氏子孙一代代地传了下去。到了南朝陈朝、隋朝年间,这幅《兰亭集序》传到了王羲之的第七代子孙智永禅师手里。

智永是王羲之第五子王献之的后人,早年间便遁入空门。智永禅师没有子女,多年的战乱使他和亲友流离失所,他也和王家的其他后人断了联系。为此,他十分发愁,难道《兰亭集序》要从他这辈落入外人之手吗? 想到这里,他感到罪孽深重,双手合十,念了一句"阿弥陀佛"。

经过反复思量,智永禅师终于决定死前将《兰亭集序》传给弟子辩才和尚。临终前,智永把辩才叫来,对他说:

徒儿啊!为师大限将近,你静静地听我说,不许插嘴。为师手里这一本帖子就是有名的《兰亭集序》,它是我们王家的传家之宝,到了我的手上已经传了七代了。按照祖上的规矩,这本帖子本来应该由为师传给王家本族的子孙,但是,为师是出家人,没有子女,而且早与家人离散多年;王家的子孙究竟流落于何方,已经无从打听。看情形,王家的这件传家之宝要在为师手中失落了。倘若它受到了损坏或是流落到外人的手里,为师死后还有何颜面去见历代的祖宗?

为师想了很长时间,觉得你倒是一个可以托付的人。你是为师的大弟子、得意门徒,说起来也不能算是外人;而且,你本性善良,又忠实可靠,为

师也信得过你；再者，你志趣高雅，又对文章、书法均有涉猎。这本帖子留给你，也算"宝剑配英雄"，你一定会体味到它不凡的价值并好好地珍藏。所以，为师准备把它留给你。希望你谨慎地保存，我也好向九泉之下的历代祖先有个交代，你愿不愿意接受为师的这个要求？

辩才和尚跪在师父的床前诚恳地回答说："弟子一定遵奉师父的指示，绝不会辜负了师父对弟子的期待。"于是，这本稀世珍宝《兰亭集序》，在王家子孙中传了七代之后，流入了外人的手中。

虽然辩才和尚不是王家的子孙，但他对书法也很有研究，知道《兰亭集序》的价值，所以将它视为珍宝。他遵奉师父所嘱，不敢有丝毫疏忽。他怕这本帖子受到湿气的侵蚀，更担心它被人偷走，因此特地在自己卧室的屋梁上挖了一个洞，把帖子藏在了里面。

辩才和尚的晚年，当政的正是唐太宗李世民。唐太宗不仅在政治军事上有十分卓越的才能,对文学艺术也很有研究,对于书画的收藏更有强烈的癖好;在他收藏的字画中,尤以王羲之的作品最多。

唐太宗曾经花费很多心力去收集王羲之的字画。帝王之尊的身份,给他带来了很多方便。王羲之的作品只要是稍有名气的,几乎都已成为他私人的收藏品。尽管网罗了不少王羲之的字,但最令他感到美中不足的就是单单少了《兰亭集序》。他在没做皇帝时,有一次见到《兰亭集序》的摹本便爱慕不已,千方百计想要寻求真迹,却始终未能如愿。相传他曾遗憾地说:

> 《兰亭集序》是王羲之一生作品的精华,纵然朕收集了这么多他的作品,可少了《兰亭集序》也是枉然。朕不相信它已经失落,一定还被某位文人雅士收藏着。朕要通令全国官吏,密切注意,一定要查出它的下落。

〔清〕姚文翰《历代帝王像》之《唐太宗》

经过一番劳师动众的明察暗访,总算打听出了《兰亭集序》的下落,原来这本字帖的真迹在一个叫辩才的和尚手中。唐太宗接到报告后,迫不及待地下令地方官请辩才和尚进京。

那一年辩才刚好七十岁,自智永禅师圆寂之后,他已在永欣寺做了十几年的住持。当接到圣旨时,他正在禅房中小憩。这突如其来的召见使辩才一时百思不得其解。他实在想不通皇帝为什么特别要召见他。不过,尽管有多番猜想,但皇命不可违,他还是硬着头皮去了。

辩才和尚第一次面见君王,十分紧张,但是,见唐太宗神情和蔼亲切,他的心情便放松了。

聊了几句无关紧要的话之后,唐太宗开始进入正题。他似乎很不经意地说道:"我平生只有两大爱好,一武一文。武喜好围场射猎,文喜好研习书法。像秦

代的李斯、汉代蔡邕、三国时的钟繇,我都非常喜欢。尤其是对王右军的书法更是痴迷……大师,你可知道王右军吗?"

辩才和尚最担心也最害怕的事情终于发生了,他整理了一下心情后坦然回答道:"王右军的名气太大,纵然老衲孤陋寡闻,但也知道他的名号,王右军便是一代书圣王羲之的别称。"

太宗边听边点头,见辩才和尚已经没有继续说下去的意思,才又开口道:"大师见识广博,怎么不知道王羲之最有名的一幅作品呢? 我听说他有一帖《兰亭集序》,行笔生动、气韵流畅,堪称书法史上的一绝,可惜不曾见过真迹。"说到这里,他看了一眼辩才,继续说道:"这帖《兰亭集序》你可知其下落?"

辩才和尚心头一紧,强作镇静地说道:"皇上圣明,这帖《兰亭集序》,老衲年轻时确实在师父智永禅师那里见过,而且据师父说,那便是王家世代相传的真迹。也正因为如此,师父十分地珍视它,根本不许旁人去碰它,所以是真是假也无从辨别。”

唐太宗一听,急忙地问道:“那这本《兰亭集序》到底在不在你手中? 只要你说出它的下落,朕重重有赏。”

辩才和尚慢慢地开口说:“老衲年轻时和师父一起学习书法,那帖倒是有幸见到过几眼,但是后来,隋唐战乱,永欣寺几次毁于战火,那帖早已不知去向了。”

唐太宗无计可施,只好将辩才和尚送回永欣寺。

到了年末,唐太宗又派人将辩才和尚召入宫中。但是,辩才和尚依旧守口如瓶,一口咬定《兰亭集序》的真迹是在隋末战乱中失落了。

后来,太宗又第三次召见了辩才和尚,这一次他

受到了更加优厚的待遇,不但日常生活上的照料较前两次不减,而且让他主持宫中的法事,享受国师级的礼遇。对于二人心照不宣的《兰亭集序》真迹一事,唐太宗却只字未提。辩才和尚明白唐太宗的意图,却仍然装傻充愣。

这一次从长安回到永欣寺,辩才和尚心中十分不安,他赶忙登梯查看房梁上的《兰亭集序》是否安好。当他看到字帖好端端地藏在里面时,他才安心。

有一次,唐太宗向房玄龄发牢骚说:"朕贵为天子,天下江山都是朕的,朕想要什么,谁敢说个'不'字?但是,辩才那个老秃驴竟敢睁着眼骗朕,看哪天朕不杀了他才怪!"

房玄龄一听这话,知道唐太宗又在为《兰亭集序》真迹的事情发火,便委婉地劝道:"陛下不可鲁莽,为了自己想得到的东西去杀一个年迈的出家人,这种事情若是传到民间,恐怕对陛下的英名有损。不过,臣倒是有一个法子,陛下可以一试。"

唐太宗一听,立即睁大双眼问道:"什么法子?快说。如果朕真的得到那本真迹,一定重赏爱卿。"

房玄龄不紧不慢地说:"既然辩才和尚不肯献出来,强行夺取又有损陛下的威名,何不使用一点计谋骗到手呢?"

唐太宗一听用"骗"字,脸上便露出难色:"这不太好吧!毕竟朕是天子,这话传出去,会被人笑话朕不光明磊落的。"

房玄龄回答说:"辩才和尚是个出家人,自然不能用金钱去打动他。杀了他也许可以取得,但对陛下的名声恐怕有不利的影响。依臣之见,'骗'是最好的办法。事成之后,陛下再赐他一些名号和头衔,不是两全其美吗?"

唐太宗认为这话说得也合情合理，沉吟了半晌说："好吧，就依你之计。不过，这件事越少人知道越好，朕不想张扬出去。"

房玄龄回禀道："这个请陛下放心，臣心中有一个做这件事的最佳人选，相信一定不会使陛下失望的。"

唐太宗急忙道："这个人是谁？叫来让朕看看。"

果然，房玄龄领着一个人进来谒见唐太宗，他就是监察御史萧翼。

唐太宗看了来人，觉得很满意，便把任务派给了他。

第二天，萧翼一大早就悄悄地溜出京城，他乔装成一个中年书生，来到辩才和尚所住的永欣寺。

中午，辩才和尚坐在回廊上晒着太阳，见廊上站着一位书生正在观赏回廊两边的字画。他见此人气度不凡，不像寻常百姓，便请入禅房与之攀谈起来。二人相谈甚欢,都觉得相见恨晚。

此后,辩才和尚便把萧翼留在寺中,日日与他叙谈,俨然成了忘年之交。就这样一直过了十几天。

一天,萧翼故作神秘地对辩才和尚说,他家私藏了王羲之的《兰亭集序》真迹。

辩才和尚一听,惊异地问道:"你说你有《兰亭集序》真迹,现在在哪里?"

过了一会儿,萧翼重新回到房中来,怀中抱着一幅字帖。当萧翼把字帖展开后,辩才和尚惊呼一声:"这不可能!怎么会这样!"原来,辩才看见的正是自己藏在房梁上的王羲之的《兰亭集序》。

辩才和尚一头雾水,为了弄明白事情是怎么回事,他便把智永禅师留给他保管的《兰亭集序》从房梁上取了下来,与萧翼的那幅帖中的字逐一对比。萧翼见他拿出了那幅真迹,便马上伏在案上仔细观摩,忽

然惊叫道："大师,你的这幅是赝品!"

"不可能!"辩才和尚情绪激动地说,"这是王家的后人智永禅师圆寂前亲手交付给我的,哪里会是赝品?"

萧翼见状便说："这样吧,把这两幅字帖都留在这里,你可以好好比较一下,便知真伪。"辩才和尚只好同意。

等到萧翼一走,老辩才又命人点上几盏灯烛,伏在桌案上比了一个通宵,但也没分出个真假。

第二天一早,有都督府的人来请辩才和尚前往,他不敢耽搁。到了府衙,他见都督身旁坐着一个人,十分眼熟。

辩才和尚仔细一看,见这位身穿官服的人,正是萧翼。这一刻,他才如梦方醒。萧翼直截了当地说明了此次来的目的。

　　虽然萧翼说得十分诚恳,但辩才和尚充耳不闻,一直在心中默默念叨:"师父交代再三的事情,我竟这样儿戏,这件宝贝终归流落了,叫我怎么向九泉之下的师父和王家祖先交代?"他又气又急之下,竟一下子就昏倒了。

　　唐太宗听说《兰亭集序》已然到手,心中十分快活,赏了辩才和尚金银、布匹无数。

　　辩才和尚丢了《兰亭集序》真迹,心中不安,加上年事已高,不幸抱恨而终了。

　　唐太宗喜获这一珍品后,立刻命宫中拓书人开始拓摹。他们将薄纸放在真迹上,极为细心地慢慢描摹,制成了许多拓摹本。唐太宗把这些拓摹本分赐给太子和几位近臣。

　　公元649年,唐太宗病危,他感到自己时日无多,便把皇太子李治找来,对他说:"我现在有一件事没有

解决,就是王羲之的《兰亭集序》真迹,我即使到了另一个世界,也仍想拥有它,它是我最为喜爱的东西,我要把它永远带在身边。"

唐太宗死后,《兰亭集序》陪葬于昭陵。从此,《兰亭集序》的真迹便从人间消失了。

〔明〕佚名《萧翼赚兰亭图》